일러두기

* 이 책에는 초등 과학 교과서에 나오는 용어는 물론, 교과서에는 나오지 않지만 과학 학습에 꼭 필요한 용어, 그리고 누구나 '과학'하면 떠올리는 기본 용어들을 실었습니다.
* 가나다 차례로 되어 있어서 모르는 과학 용어를 쉽게 찾을 수 있습니다.
* 용어의 뜻을 쉽게 알 수 있도록 여러 가지 예시와 함께 그림으로 설명하고 있습니다.
* '➔'는 관련 용어의 표시로, 이 기호 뒤의 용어를 찾아가 보면 관계되는 설명을 확인할 수 있습니다.
* 띄어쓰기는 국립국어원을 기준으로 하였습니다.
* 가나다 차례로 시작되는 페이지 첫머리에 실린 글은 과학자들이 남긴 명언입니다.
* 물리 분야는 류성철 선생님, 화학 분야는 노기종 선생님, 생물 분야는 임혁 선생님, 지구과학 분야는 김현빈 선생님이 집필했습니다.
* 사진은 김현빈 선생님, 손영운 선생님, 허용선 선생님, 유은상 선생님, 김규환 학생, 감마에서 제공해 주었습니다.

교과서 옆 개념 잡는 초등과학 사전

지경구 감수 ― 손영운 추천
김현빈·노기종·류성철·임혁 글 ― 신명환 그림

주니어김영사

서문

초등학생이 알아야 할
과학 지식 모음을 만들며…

과학이 우리 생활에 얼마나 많은 영향을 주는지 알고 있나요? 우리가 알고자 하는 지식의 절반 이상이 과학 지식이라는 것을 아는 사람은 많지 않아요. 그리고 왠지 과학이라고 하면 '정확한 것', '중요한 것'이라고 생각하면서도 실제로 잘 아는 사람은 흔치 않아요.

많은 학생이 자신의 직업을 생각할 때, 과학과 직접 관련되는 일을 할 것인가 아니면 과학과 관련이 적은 일을 할 것인가를 선택해야 합니다. 물론 깊이 관련된 일을 하려면 당연히 과학 지식을 많이 가지고 있어야겠지요. 하지만 과학과 관련이 적은 직업을 선택한다고 해서 과학 지식을 몰라도 되는 것은 아니랍니다. 과학과 관련이 적은 일을 할수록 과학 지식이 많으면 자신의 가치를 더 높이고 남보다 잘할 수 있는 일이 많아지니까요. 사실은 과학과 관련 없는 일은 별로 없어요.

그래서 '과학을 어떻게 가르치는 것이 좋을까' 하고 고민하며 함께 연구하고 있는 '신나는 과학을 만드는 사람들'(신과람)의 선생님 중 각 분야 최고의 선생님들이 모여, 초등학생이 이해하기 쉬운 과학 사전을 만들기로 했어요. 보통 백과사전이나 국어사전 또는 전문적인 과학 사전은 많이 있지만, 초등학생이 뜻을 쉽게 알 수 있도록 설명한 사전은 별로 없으니까요. 이 사전은 초등학교 교과서에 나오는 모든 개념어(과학 지식을 담고 있는 용어)를 담았으며, 중학교 수준의 내용도 다

루었어요. 신문이나 과학 도서를 읽다가 모르는 용어가 나오면 제일 먼저 이 과학 사전에서 찾아볼 수 있도록, 과학 공부를 하면서 바로 옆에 두고 사용할 수 있도록 만들었어요. 또 평소 쓰는 용어의 뜻과 과학에서 쓰는 뜻이 다를 때가 있어요. 그럴 때도 이 사전이 과학에서의 정확한 뜻을 알려 줄 거예요.

공부는 지식을 쌓아 가는 것, 그리고 모르는 것을 새롭게 찾아 가는 과정입니다. 과학 공부는 더욱 그렇지요. 신기한 현상이나 재미있는 물건, 신나는 놀이동산, 신비로운 마술까지, 우리 주변의 신기하고 재미있는 것들은 과학을 공부하면 그곳에 숨겨진 비밀을 풀 수 있는 열쇠를 찾을 수 있고, 그 열쇠를 써서 또 다른 세상을 만날 수 있답니다. 그러니까 이 사전은 여러분들이 열쇠를 찾도록 도와줄 것입니다.

선생님들이 어릴 때에는 읽을 만한 책이 많지 않았어요. 어느 날 우리 부모님이 세 권짜리 어린이 백과사전을 사 주셨지요. 그 책을 읽으면서 세상에 내가 모르는 것이 너무나 많다는 사실에 놀랐어요. 원래 백과사전은 모르는 것이 있으면 찾아보도록 만든 것이지만, 선생님은 책을 읽는 것처럼 처음부터 차례로 읽었어요. 지금도 기억하고 있지만 백과사전 맨 앞에 나온 단어가 '가가린'이었는데, 가가린은 인류 최초로 유인 우주 비행을 한 러시아의 우주 비행사였지요. 그 첫 만남은 기억 속에 아주 강하게 새겨졌어요. 그래서 우주에 대한 꿈을 꾸고 어떻게 하면 우주 비행사가 될 수 있을까 생각하기도 했답니다. 아마도 제가 과학을 좋아하고 또 이렇게 과학을 가르치는 사람이 된 것도 그 백과사전과 만났기 때문이라고 생각해요.

백과사전을 처음부터 끝까지 모두 읽은 뒤에도 모르거나 궁금한 것이 있을 때마다 찾아보았지요. 그 뒤로 친구들에게서 '척척박사'라는 별명도 얻었어요. 무엇보다 백과사전과 함께하면서 내가 새롭게 알게 된 내용들을 어떻게 정리해야 하는지, 학교에서 공부한 내용이나 선생님께 배운 내용을 어떻게 정리해야 하는지도 자연스럽게 알게 되었답니다.

이 《교과서 옆 개념 잡는 초등과학 사전》이 여러분에게 궁금한 것이 생길 때마다 '아하 그렇구나!'를 외치게 하는 멋진 도우미가 될 것을 믿습니다. 제가 어린 시절 보았던 그 백과사전처럼 초등학생 여러분이 과학 공부를 할 때 언제나 함께하는 길잡이가 되고, 새로운 지식을 알려 주며, 또한 생활 속에서도 언제나 가까이 두고 함께하는 그런 소중한 책이 되기를 바랄게요.

류성철 *(저자 대표)*

추천글

과학 공부에 왕도는 없어도
지름길은 있어요!

학년이 올라갈수록 과학이 점점 어려워져요. 중학교에 들어가면 수준에 큰 차이가 날 정도로 더 어려워지고요. 과학 책에 쓰여 있는 문장이 도대체 무슨 말인지 이해가 되지 않을 거예요. 사실 과학은 쉬운 학문은 아니에요. 그 이유가 뭔지 아세요? 과학이 본격적으로 발전하기 시작한 것이 16세기이고 지금이 21세기니까 약 500년이 지났어요.

그렇게 긴 세월 동안 코페르니쿠스, 갈릴레이, 뉴턴, 다윈, 아인슈타인과 같은 천재 중의 천재들이 발전시켜 온 학문이 과학이니까 얼마나 어렵겠어요? 그뿐 아니라 이들과 같은 천재 과학자들이 수백 년에 걸쳐 만든 과학을 몇 년 동안 다 배우려고 하니까 머리가 아픈 것은 아주 당연한 일이지요.

하지만 과학을 배우지 않을 수는 없어요. 현대는 첨단 과학의 시대이고, 여러 분야에서 과학의 힘을 빌리지 않으면 제대로 일이 진행되지 않을 정도거든요. 미국이 세계 최강국이 된 것도 알고 보면 다른 나라보다 월등하게 뛰어난 과학의 힘을 가지고 있기 때문이랍니다. 그러므로 과학을 더 많이 배워야 해요. 또 학교에서도 과학을 배우고 평가를 받아야 하므로 과학은 싫어도 열심히 배워야 하지요. 그러면 어떻게 하면 어려운 과학 공부를 잘할 수 있을까요?

옛날에 이집트의 왕이 기하학을 만든 수학자 유클리드에게 기하학을 쉽게 배울 수 있는 비결이 없느냐고 물었대요. 그때 유클리드는 '학문(기하학)에는 왕도가 없습니다(There is no royal road to knowledge).'라는 말을 했다고 해요. 즉 공부를 할 때에는 요령을 부리지 말고 노력하고 전념해야 한다는 뜻이지요. 참 옳은 말이에요. 공부를 할 때는 요령을 피우거나 꾀를 부리면 안 되지요. 농사를 짓듯이 비가 오나 눈이 오나 바람이 부나 열심히 밭을 갈고 씨앗을 뿌리고 추수하듯 공부를 해야 훌륭한 학자가 될 수 있으니까요.

그런데 저는 생각이 좀 달라요. 학문을 하는 데에는 왕도가 따로 없긴 해도, 지름길은 있다고 생각하거든요. 지금은 유클리드가 살았던 시대와는 다르잖아요? 당시에는 지금과 같이 다양한 책이나 최신 정보를 전해 주는 인터넷과 같은 공부하는 데 도움을 주는 도구가 전혀 없었거든요. 오로지 스승이 전해 주는 말을 기억하고 연구할 뿐이었죠. 그래서 지금은 왕도는 없어도 지름길은 있다고 생각해요.

과학을 잘하기 위해서는 여러 가지가 필요하지만 으뜸으로 중요한 일은 과학의 중요한 개념들을 이해하는 거예요. 그리고 그 개념들을 설명하는 용어를 정확하게 아는 일이랍니다.

특히 초등학교나 중학교 수준의 과학은 어쩌면 개념을 이루고 있는 용어를 잘 이해하기만 해도 약 70%는 공부를 한 셈이나 마찬가지일 거예요. 이것이 과학 공부의 지름길이라고 생각해요.

예를 들어 생물에서 '광합성'이라는 개념을 공부한다고 생각해 봐요. 광합성이라는 개념을 이해하려면 우선 그 개념을 이루고 있는 엽록체, 엽록소, 포도당, 이산화탄소, 녹색 식물 등의 용어를 아는 것이 중요해요. 기본 용어를 알고 광합성이라는 개념을 이해하려고 든다면 아주 쉽게 이해가 되니까요.

이렇듯 과학을 잘하려면 무엇보다 먼저 과학 용어를 영어 단어 외우듯이 외우고 또 이해해야 하는데 일반적인 사전은 딱딱하다는 생각이 들 거예요. 그러나 《교과서 옆 개념 잡는 초등과학 사전》이라는 재미있는 과학 사전을 펼쳐 보면 과학이 어렵다는 생각이 확 달아날 거예요. 과학 용어를 아주 친절하게, 사진과 재미있는 그림을 곁들여서 구성했거든요. 또 초등학교, 중학교 과학에서 꼭 필요한 용어들만 실었어요.

여러분도 《교과서 옆 개념 잡는 초등과학 사전》으로 공부하면서 과학에 왕도는 없지만 지름길은 있다는 생각을 했으면 좋겠어요.

손영운

차례

서문
추천글

ㄱ

가시광선 · 16
감각 기관 · 17
갑각류 · 18
강수량 · 19
강장동물 · 19
거미류 · 20
거울 · 21
거중기 · 21
건습구 습도계 · 22
검전기 · 22
겉씨식물 · 23
게놈 · 23
결정 · 24
고기압 · 24
고도 · 25
고체 · 25
곤충 · 26
곰팡이 · 28
공기 · 29
공룡 · 29
공생 · 31
공전 · 32
과냉각 · 32
과산화수소수 · 33
광물 · 34
광원 · 34
광합성 · 35
교류 · 35

구름 · 36
구심력 · 38
굴절 · 38
규암 · 39
그물맥 · 39
금성 · 40
금속 · 40
기관 · 41
기도 · 42
기생 · 43
기압 · 43
기온 · 44
기체 · 44
꽃 · 45
꽃식물 · 46
꿀샘 · 47
끓는점 · 47

ㄴ

나이테 · 48
나침반 · 49
난생 · 50
난자 · 50
남반구 · 51
남중고도 · 51
노폐물 · 52
녹는점 · 52
녹조류 · 53
뇌 · 54
눈 · 55
눈 · 56
눈금 실린더 · 57

ㄷ

다지류 · 58
단백질 · 59
단층 · 60
달 · 61
대기 · 63
대류 · 63
대리암 · 64
대장 · 65
도체 · 66
동맥 · 66
동물 · 67
드라이아이스 · 69
디엔에이(DNA) · 70
땀샘 · 71
떡잎 · 72

ㄹ

레이저 · 73
렌즈 · 74

ㅁ

마그마 · 75
마이크로파 · 76
마찰력 · 76
망원경 · 77
매질 · 79
맥박 · 79
먹이 그물 · 79
먹이 연쇄 · 80
먹이 피라미드 · 81
멘델의 유전 법칙 · 82

명왕성 · 83
모세 혈관 · 84
목본 식물 · 84
목성 · 85
무게 · 86
무기물 · 87
무척추동물 · 87
물벼룩 · 88
물질 · 89
물질의 네 가지 상태 · 90
미생물 · 91
미세먼지 · 92
밀도 · 92
밀물 · 93

ㅂ

바람 · 94
바이메탈 · 94
바코드 · 95
반려암 · 96
반사 · 96
반사의 법칙 · 97
발광다이오드 · 98
발열 반응 · 98
발화점 · 99
배설 · 99
버섯 · 100
번개 · 101
베이킹파우더 · 102
변성암 · 103
별자리 · 104
별자리판 · 105
병렬연결 · 106

보이저 탐사선 · 106
복사 · 107
복제 동물 · 107
볼록 거울 · 108
부도체 · 108
부력 · 109
부피 · 110
북극성 · 110
분동 · 111
분자 · 111
분해자 · 112
블랙홀 · 113
비 · 114
비열 · 115
비중 · 115
빅뱅 · 116
뿌리 · 117

ㅅ

사물인터넷 · 118
사암 · 119
산 · 119
산성비 · 120
산소 · 121
산화 · 122
생명 공학 · 122
생물 분류 · 123
생산자 · 124
생식 세포 · 124
생태계 · 125
생태계 평형 · 126
샤를의 법칙 · 126
서리 · 126

석회 동굴 · 127
석회수 · 128
석회암 · 128
성단 · 129
성운 · 130
세균 · 131
세포 · 132
소리 · 134
소비자 · 135
소장 · 135
소행성 · 136
소화 기관 · 137
속도 측정기 · 138
속력 · 138
속씨식물 · 139
수분 · 139
수성 · 140
수소 · 140
수소 이온 지수 · 141
수압 · 142
수용액 · 142
수은 · 143
수정 · 143
수증기 · 144
수표 · 144
순종 · 145
순환 기관 · 145
스모그 · 146
스포이트 · 146
습곡 · 147
승화 · 147
식물 · 148
신경 · 150

신경계 • 151
심장 • 151
쌍떡잎식물 • 152

안개 • 153
암모니아수 • 154
암석 • 155
액체자석 • 155
액화 석유 가스 • 156
액화 천연가스 • 156
양서류 • 157
양치식물 • 157
양팔 저울 • 158
어는점 • 158
어류 • 159
에나멜선 • 159
에너지 • 160
엑스선 • 161
여과 • 162
여름잠 • 163
역암 • 163
연금술 • 164
연료 전지 • 164
연소 • 165
연체동물 • 166
열량 • 167
열매 • 167
열 변색 물감 • 168
열성 • 168
염기 • 169
염산 • 169
염색체 • 170

염화나트륨 • 171
염화코발트 • 171
엽록체 • 172
엽상체 • 173
오름 • 174
오목 거울 • 175
오목 렌즈 • 176
오일펜스 • 176
오존 • 177
오줌보(방광) • 178
온도계 • 178
온실 효과 • 179
온천 • 180
외떡잎식물 • 181
요오드 • 181
용암 • 182
용액 • 182
용질 • 183
용해 • 183
우라늄 • 184
우리 은하 • 185
우박 • 186
우성 • 186
우주복 • 187
우주 왕복선 • 188
우주 정거장 • 189
우화 • 190
운반 작용 • 190
운석 • 191
운석 구덩이 • 191
원사체 • 192
원심력 • 192
원자 • 193

원자력 발전 • 193
월식 • 194
위 • 194
위도와 경도 • 195
위성 • 196
유기물 • 196
유리 • 197
유성 • 198
유전 • 199
유전 공학 • 199
유전자 • 200
유전자 변형 생물 • 200
유화제 • 201
육풍 • 201
이끼 • 202
이산화탄소 • 203
이암 • 204
이온 • 204
인공위성 • 205
일식 • 206
잎 • 207
잎차례 • 207

자격루 • 208
자극 • 209
자기 부상 열차 • 209
자기력 • 210
자기장 • 211
자성 • 212
자외선 • 212
자유 전자 • 213
자철광 • 213

자화 · 214
잡종 · 214
저기압 · 215
적외선 · 215
전극 · 216
전기 · 217
전기 회로 · 218
전도 · 219
전동기 · 219
전력 · 220
전류 · 220
전류계 · 220
전압 · 221
전압계 · 221
전원 · 221
전자 · 222
전자기파 · 222
전자석 · 222
전지 · 223
전파 망원경 · 223
전하 · 224
전해질 · 224
절지동물 · 225
점성 · 225
정맥 · 225
정자 · 226
정전기 · 227
정전기 유도 · 227
조류 · 228
조암 광물 · 228
종자식물 · 229
종파 · 229
주상 절리 · 230

줄기 · 230
줄기 세포 · 231
중력 · 231
중성 · 232
증발 · 232
지구 온난화 · 233
지구자기장 · 234
지시약 · 235
지진 · 236
지진계 · 237
지층 · 237
직렬연결 · 238
직류 · 238
진동수 · 239
진화 · 240
질량 · 241
질소 · 241

ㅊ

척추동물 · 242
천상열차분야지도 · 243
천왕성 · 244
철새 · 245
초본 식물 · 246
초음파 · 247
초점 · 248
초파리 · 249
촉매 · 250
침식 작용 · 251

ㅋ

칼로리 · 252
콩팥(신장) · 253

클론 · 254

ㅌ

탄성 · 255
탄소 · 255
태생 · 256
태양 · 256
태양계 · 257
태풍 · 259
텃새 · 260
토성 · 260
퇴적암 · 261
퇴적 작용 · 262

ㅍ

파동 · 263
파스칼의 원리 · 264
파장 · 264
파충류 · 265
판구조론 · 265
페니실린 · 268
폐(허파) · 269
편마암 · 270
편형동물 · 271
포유류 · 272
표면 장력 · 272
풍력 발전 · 273
풍속 · 273
풍향 · 274
풍화 작용 · 275
프레온 · 276
프레파라트 · 276
프리즘 · 277
피부 · 278

필라멘트 • 278

항생 물질 • 279
항성 • 280
항체 • 280
해구 • 281
해면동물 • 282
해수담수화 • 283
해시계 • 283
해왕성 • 284
해저 지형 • 284
해캄 • 285
해풍 • 286
행성 • 287
허블 우주 망원경 • 288
헬륨 • 289
현무암 • 289
현미경 • 290
혈관 • 293
혈액 • 295
형질 • 296
혜성 • 296
호르몬 • 297
호흡 • 298
혼합물 • 299
홀씨 • 299
화강암 • 300
화력 발전소 • 300
화산 • 301
화산 가스 • 302
화산재 • 303

화산탄 • 304
화석 • 304
화성 • 307
화성암 • 308
화학 반응 • 309
환원 • 309
환형동물 • 310
황산 • 311
황산구리, 제2황산구리 • 311
회로시험기 • 312
횡파 • 312
효모 • 313
효소 • 313
흡습제 • 314
흡열 반응 • 314

주기율표 읽는 법 • 316
여러 가지 과학 실험 기구 • 318

모든 것을 할 수 있으면서도 행동하지 않는 사람보다 비참한 것은 없다.
_ 갈레노스

가시광선 visible rays

사람의 눈으로 볼 수 있는 빛

프리즘을 통과한 가시광선은 여러 가지 빛깔로 나뉩니다. 가시광선 바깥에는 눈에 보이지 않는 빛인 적외선과 자외선이 있지요.

가시광선

➜ 자외선, 적외선, 프리즘

감각 기관 sensory organ

자극을 느끼는 기관

보고, 듣고, 냄새 맡고, 맛보고, 추위나 더위를 느끼는 일은 감각 기관이 합니다. 눈, 코, 귀, 혀, 피부가 감각 기관이에요. 감각 기관은 받아들인 자극을 뇌로 보내는 일도 하지요.

우리 몸의 감각 기관

➜ 기관, 뇌, 자극

갑각류 crustacea

아가미로 숨 쉬며 살아가는 절지동물

몸은 머리·가슴·배로 나뉘어요. 온몸이 마디로 되어 있어요. 촉각 두 쌍, 턱다리 세 쌍, 가슴다리 다섯 쌍, 배다리 네 쌍이 몸마디에 붙어 있지요. 게, 가재, 물벼룩 등이 갑각류예요.

가재의 내부 구조

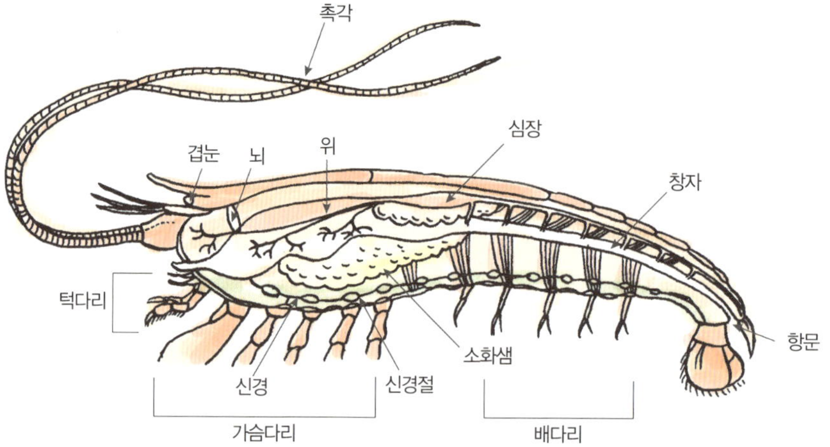

촉각, 겹눈, 뇌, 위, 심장, 창자, 항문, 턱다리, 신경, 신경절, 소화샘, 가슴다리, 배다리

가재 앞면
가재 뒷면 

가슴다리 : 가슴에 붙어 있는 다리
배다리 : 배에 붙어 있는 다리
몸마디 : 마디로 나누어져 있는 몸

➜ 절지동물

강수량 amount of precipitation

어떤 곳에 일정 기간 동안 내린 물(비, 눈, 우박, 안개, 이슬 등)의 총량

하늘에서 비, 눈, 우박이 내리면 일정한 부피의 통 속에 고인 물의 깊이를 재는데, 그것을 강수량이라고 해요. 강수를 측정하는 원통의 지름은 20cm로 통일되어 있어요. 단위는 밀리미터(mm)로 나타내요.

비가 오는 양, 즉 강우량을 측정하기 위한 세계 최초의 우량계인 측우기는 세종대왕 때 만들어졌어요. 이탈리아 카스텔리가 만든 우량계보다 198년이나 앞선 것입니다.

강장동물 coelenterate

몸의 구조가 간단하고, 뇌와 배설 기관이 없는 무척추동물

물에 사는 다세포 동물이에요. 바위 같은 데 붙어 사는 산호와 히드라, 물에 떠다니며 사는 해파리 같은 것이 있어요.

해파리

다세포 동물 : 몸이 많은 세포로 이루어진 동물
단세포 동물 : 몸이 하나의 세포로 이루어진 동물

➜ 무척추동물

거미류 Arachnida

더듬이 한 쌍, 걷는 다리 네 쌍을 갖고 있으며 눈은 홑눈만 있는 절지동물

몸 크기는 작은 것은 0.15㎜부터 큰 것은 250㎜에 이르기까지 다양해요. 다른 곤충이나 동물을 잡아먹고 살아요. 거미, 진드기, 전갈 등이 거미류예요.

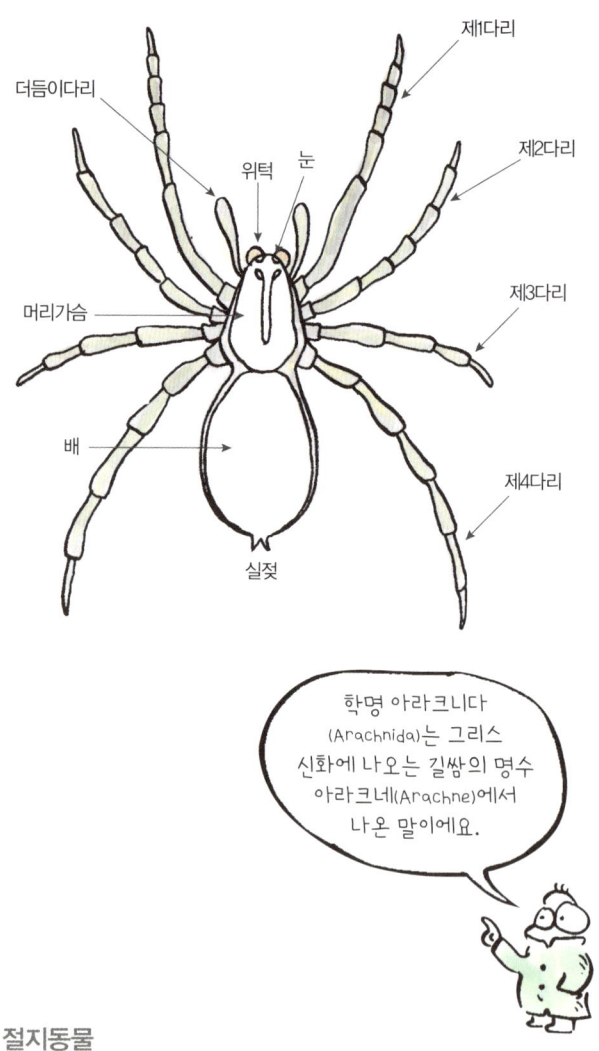

학명 아라크니다(Arachnida)는 그리스 신화에 나오는 길쌈의 명수 아라크네(Arachne)에서 나온 말이에요.

➜ 곤충, 동물, 절지동물

거울 mirror

빛을 반사해 물체의 모양을 비추는 물건

보통 편평한 평면거울을 말해요. 하지만 오목 거울이나 볼록 거울도 있어요. 옛날 사람들은 구리나 은으로 된 판을 깨끗하게 갈아서 거울로 썼어요. 요즈음 가장 많이 쓰는 거울은 유리 뒷면에 얇은 알루미늄 박을 붙인 거예요.

➔ 볼록 거울, 오목 거울

거중기

무거운 돌을 들어 올리는 데 쓰는 기계

정약용은 수원성을 쌓기 위해 도르래의 원리를 이용해 1792년에 거중기를 개발했어요. 거중기는 고정 도르래 4개와 움직도르래 4개를 가지고 있어요.

거중기(수원 화성)

건습구 습도계 psychrometer

온도계 두 개를 붙여 습도를 측정하는 기구

보통 온도계인 건구 온도계와 젖은 헝겊으로 둘러싼 습구 온도계를 설치해요. 공기가 건조하면 젖은 헝겊의 물이 많이 증발해요. 물이 증발할 때 열을 빼앗기 때문에 습구 온도계의 온도가 건구 온도계의 온도보다 낮아져요. 두 온도계의 온도 차가 많이 날수록 습도가 낮은 것이지요.

➔ 온도계, 증발

검전기 electroscope

물체에 전기가 있나 없나 검사하는 장치

정전기 유도를 이용해 물체가 전기를 얼마나 띠고 있는지, 전기를 띤 전하의 부호가 양(+)인지, 음(-)인지를 알아내는 데 쓰는 기구입니다.

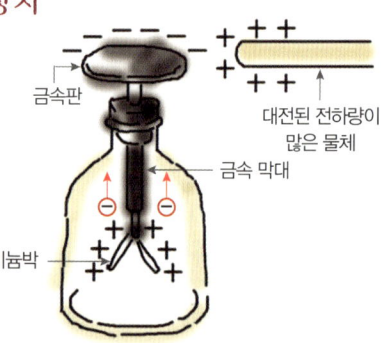

금속박 검전기
금속판에 금속 막대가 붙어 있고, 금속 막대에 알루미늄박 두 장을 붙여 유리병 속에 넣은 기구입니다. 알루미늄박은 얇아서 실바람에도 흔들릴 수 있어요. 그래서 유리병 속에 넣어요.

➔ 전기, 전하, 정전기 유도

겉씨식물 gymnosperm

씨방이 없어 밑씨가 겉으로 드러나 있는 식물

꽃을 피우는 식물은 크게 속씨식물과 겉씨식물로 나뉘어요. 겉씨식물의 꽃은 꽃잎이 없고 암꽃과 수꽃이 따로 피어요. 수분(꽃가루가 암술머리에 옮겨 붙는 것)도 주로 바람으로 이루어지지요. 떡잎의 수는 종에 따라 달라요. 뿌리는 속씨식물의 쌍떡잎식물처럼 원뿌리와 곁뿌리가 뚜렷이 구분되는 곧은 뿌리로 되어 있어요. 소철, 은행나무, 소나무 따위가 겉씨식물에 속해요.

소나무

은행나무

➜ 뿌리, 속씨식물, 수분

게놈 genome

하나의 생물체가 가지고 있는 유전자 단위

유전자(gene)와 염색체(chromosome)를 합쳐서 만든 말이에요. 유전체라고도 해요. 생물의 세포에는 핵이 있고 핵 속에는 염색체가 있어요. 염색체 속에는 부모의 유전 정보를 담고 있는 유전자가 있어요. 이 유전자 전체를 게놈이라고 합니다.

➜ 세포, 염색체, 유전자

결정 crystal

물질을 이루는 알갱이들이 가지런히 배열되어 있는 고체

얼음이나 다이아몬드, 염화나트륨을 이루고 있는 알갱이들은 모양이나 크기가 일정하고 가지런하게 자리를 잡고 있어요. 그래서 이런 고체들을 '결정'이라고 해요. 하지만 유리나 엿, 고무, 플라스틱 같은 고체는 알갱이 모양이 다 르고 크기도 들쭉날쭉해서 '비결정'이라고 하지요. 세상에 있는 대부분의 광물과 금속은 결정입니다. 결정은 기압이 일정할 때 정해진 온도에서 녹지만 비결정인 고체는 녹는 온도가 그때그때 다릅니다.

➜ 고체, 광물, 금속, 물질, 염화나트륨

고기압 high atmospheric pressure

기압이 주위보다 상대적으로 높은 곳

공기가 많이 모여 공기가 누르는 힘이 상대적으로 큰 곳을 고기압이라고 합니다. 고기압에서는 하강 기류가 발달하므로 구름이 생기지 않아 날씨가 맑아요. 북반구에서의 공기는 시계 방향으로 움직이고, 남반구에서는 시계 반대 방향으로 회전하면서 움직여요. 고기압은 'H'라는 기호로 나타내요.

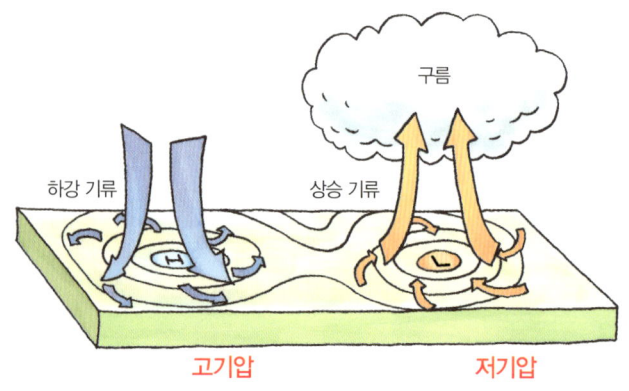

➜ 기압, 저기압

고도 altitude

천체가 지평선이나 수평선과 이루는 각도

고도를 가장 쉽게 나타내는 방법은 관찰자가 서 있는 곳에서 지평선을 기준으로 재는 것이에요. 고도로 천체의 높이를 잴 수 있어요.

고체 solid

일정한 부피와 모양을 가지고 있는 물체

물질은 온도와 압력에 따라서 고체, 액체, 기체의 세 가지 상태로 변해요. 고체는 온도가 낮고 압력이 커서 분자들이 모여 단단하게 결합되어 있는 상태예요. 결정성 고체와 비결정성 고체로 나눌 수 있습니다.

➜ 결정, 부피, 분자

곤충 insect

몸이 머리, 가슴, 배 세 부분으로 나뉘는 절지동물

가슴에 날개와 다리가 있고, 머리에 더듬이가 있어요. 보통 날개는 두 쌍이고 다리는 세 쌍이지요. 그런데 파리처럼 날개 한 쌍이 사라져 흔적만 남은 것도 있고, 개미처럼 날개가 없는 것도 있어요. 또 네발나비처럼 다리 한 쌍이 사라져 흔적만 남은 것도 있습니다.

완전 탈바꿈은 '알→애벌레→번데기→성충' 과정을 지나는 것이고, 불완전 탈바꿈은 '알→애벌레→성충' 과정을 거치는 것을 말해요. 다시 말해서 번데기 시기를 거치면 완전 탈바꿈이라 하는데 여기에 해당하는 곤충은 파리, 모기, 나비 등이 있어요. 또 번데기 시기를 거치지 않으면 불완전 탈바꿈이라 하는데 메뚜기, 사마귀 등이 있어요.

나비

지금까지 전 세계에 알려져 기록이 된 곤충은 약 80만 종이나 돼요. 그래서 이 수는 동물 수의 약 75%를 차지해요. 아직 기록되지 않은 곤충까지 합하면 곤충의 종류는 약 300만 종이나 된대요!

완전 탈바꿈

불완전 탈바꿈

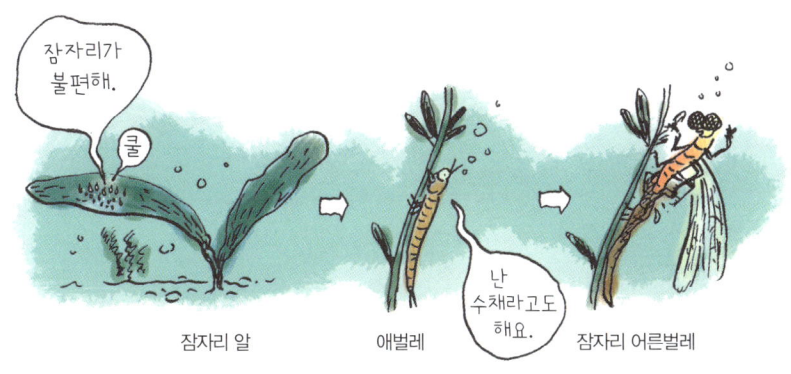

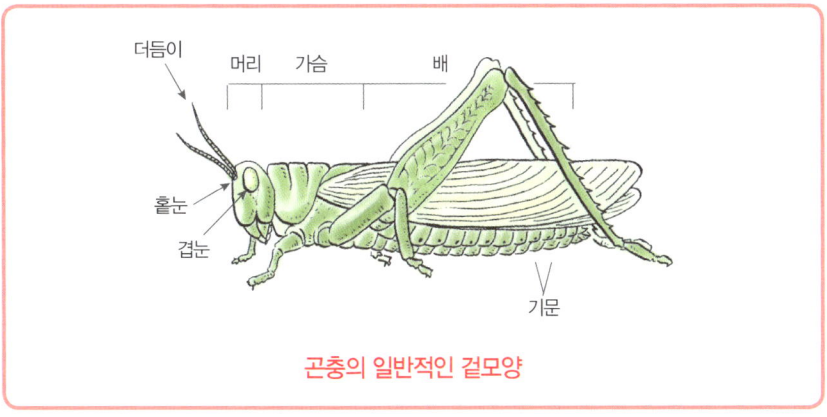

곤충의 일반적인 겉모양

곰팡이 mold

홀씨를 만들고 몸이 실처럼 가늘고 긴 균사(팡이실)로 된 생물

곰팡이는 눅눅하고 축축한 곳에서 잘 자라요. 목욕탕이나 천장 구석에서 파랗게 또는 까맣게 핀 곰팡이를 볼 수 있습니다. 그런데 술을 만들거나 빵을 만들 때 쓰는 효모, 우리가 흔히 먹는 버섯도 실은 곰팡이의 한 종류예요.

어떤 곰팡이는 곡식과 채소에 큰 피해를 주고, 어떤 곰팡이는 사람에게 무좀을 일으켜 불편을 주기도 하지만, 그렇다고 모든 곰팡이가 나쁜 것은 아니에요. 곰팡이는 유기물을 분해하는 일도 해요. 그래서 만약 곰팡이가 사라진다면 지구는 쓰레기로 넘쳐날 거예요.

곰팡이의 구조

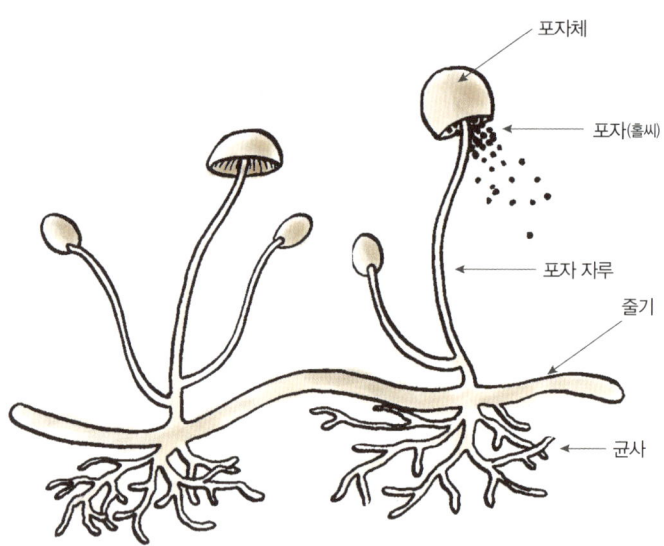

➔ 분해자, 유기물, 효모

공기 air

지구를 둘러싸고 있는 무색 투명한 기체

지구가 만들어지고 오랜 세월이 지나면서 지금과 같은 공기가 되었어요. 공기는 지구에서 생물이 살아가는 데 꼭 필요한 역할을 합니다. 질소, 산소, 아르곤, 이산화탄소 따위가 섞여 있어요.

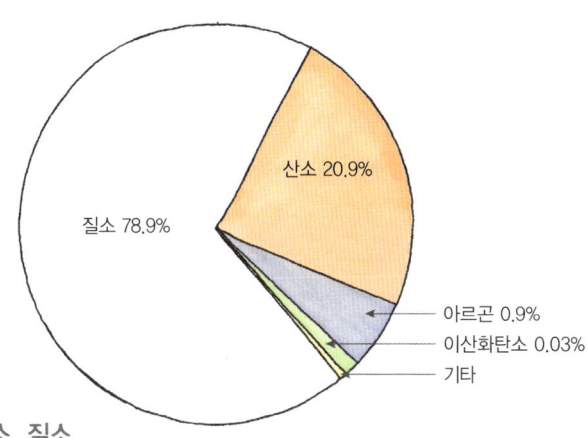

➜ 산소, 이산화탄소, 질소

공룡 dinosaurs

중생대 지구에서 살았던 커다란 파충류

약 2억 2500만 년 전부터 6500만 년 전까지 지구에서 많이 살았던 동물이에요.

❶ **작은 머리** 스테고사우루스
몸 : 길이 7.5m, 키 4m
먹이 : 키 작은 양치류와 식물
특기 : 꼬리 휘두르기
특징 : 몸이 큰 편인데 머리 크기가 거의 강아지만 해. 어느 쪽이 머리고 어느 쪽이 꼬리인지 구분이 잘 안 됨.

❷ 난폭한 티라노사우루스
몸 : 길이 14m, 키 5.6m
먹이 : 공룡 시체, 다른 공룡
특징 : 물어뜯기, 목 물고 안 놓아 주기, 꼬리 휘두르기
특징 : 힘센 턱과 날카로운 이빨이 있어 다른 공룡들에게 가장 무서운 공룡이었음.

❸ 목이 길어 슬픈 브라키오사우루스
몸 : 길이 23m, 키 12m
먹이 : 나뭇잎과 어린 가지
특징 : 공룡들 중에서 가장 키가 큰 공룡. 덩치는 크지만 별다른 무기가 없고 성질이 순하고 앞다리가 뒷다리보다 길었음.

❹ 박치기 선수 파키케팔로사우루스
몸 : 길이 2.5m, 키 1.5m
먹이 : 식물과 양치류
특기 : 박치기
특징 : 머리뼈가 사람의 머리뼈보다 다섯 배나 두꺼워 마치 안전모를 쓴 것처럼 보임.

❺ 멋쟁이 트리케라톱스
몸 : 길이 9m, 키 3m, 몸무게 5.4톤
먹이 : 모든 식물
특기 : 머리로 찌르기
특징 : 머리에는 날카로운 뿔이 났고, 목에는 멋진 스카프를 두른 듯하며, 근육은 울룩불룩 발달했음. 무거운 머리 때문에 다리가 아주 굵음.

공룡이 멸종한 까닭은?

우주에서 날아온 소행성이 지구와 충돌하는 바람에 멸종되었다는 설이 가장 설득력 있어요. 소행성과 지구가 부딪혀 대폭발이 일어나고 공룡이 죽었다는 설이에요. 폭발 뒤 엄청난 재가 지구를 뒤덮어서 햇빛이 땅까지 잘 들어오지 못해 기온이 뚝 떨어졌어요. 지구는 눈과 얼음으로 뒤덮이고 공룡을 비롯한 많은 생물이 지구에서 사라졌지요.

➜ 파충류

공생 symbiosis

서로 다른 두 종류가 관계를 맺으며 함께 살아가는 것

말미잘과 게, 흰개미와 원생동물, 악어와 악어새, 말미잘과 흰동가리, 나비와 꽃 등 서로 이익인 관계를 '상리 공생'이라고 하며, 조개류에 붙은 굴딱지, 해삼과 숨이고기, 고래 피부에 붙어사는 따개비 등 한쪽만 이익인 관계를 '편리 공생'이라고 해요.

공전 revolution

질량이 작은 천체가 질량이 큰 천체 둘레를 일정한 주기로 도는 운동

지구를 비롯해 여덟 개의 행성이 태양 둘레를 빙빙 돌아요. 지구의 위성인 달은 지구 둘레를 돌아요. 목성의 위성은 목성 둘레를 돕니다. 그리고 태양계는 우리 은하 둘레를 돌고 있답니다.

➜ 목성, 우리 은하, 위성, 태양, 행성

과냉각 supercooling

액체나 기체의 온도를 어는점 아래로 낮추어 냉각되어도 상태의 변화를 일으키지 않는 현상

대기 중에서 온도가 어는점(0℃) 이하인데도 물방울이 얼지 않은 상태로 있는 것을 말해요. 오염되지 않은 순수한 구름 속에서는 −40℃ 정도까지도 물방울이 얼지 않고 과냉각 상태로 있는 경우도 있어요.

과산화수소수 hydrogen peroxide water

과산화수소를 물에 녹여 만든 수용액(화학식 H_2O_2)

수소와 산소로 이루어진 화합물이에요. 색깔이 없고 물에 잘 녹아요. 산화력이 강해서 소독약이나 표백제로 널리 쓰여요. 3%로 묽게 한 수용액을 소독약으로 쓰지요. 실험실에서 쓰는 것은 30% 수용액이라 매우 위험하므로 반드시 장갑과 보안경을 써서 살갗이나 옷에 묻지 않도록 해야 합니다.

과산화수소수는 공기 중에 방치하면 물과 산소로 분해돼요. 과산화수소수는 액체 로켓의 연료로 사용되며, 군용 레이저포에 이용되기도 해요.

실험용 과산화수소수 만드는 방법은 다음과 같아요.

35% 과산화수소수(H_2O_2)를 3% 과산화수소수로 만들기

$$35\% : 100mL = 3\% : ? mL$$
$$? \times 35\% = 100mL \times 3\%$$
$$? = \frac{100mL \times 3\%}{35\%} = 8.57mL$$

35% 과산화수소수 8.57mL에 전체 부피가 100mL가 되게 증류수를 넣으면 3% 과산화수소수 100mL가 돼요.

➡ 산소, 수소, 수용액

광물 mineral

암석을 이루고 있는 것

암석은 광물로 이루어져 있어요. 특별히 많은 비율을 차지하는 것을 조암 광물이라고 해요. 예를 들어 화강암이라는 암석은 석영, 장석, 운모 같은 조암 광물로 이루어져 있어요. 예를 들어 '백설기'를 생각해 보세요. 백설기가 암석이라면 쌀, 콩을 광물이라고 할 수 있어요.

백설기

➜ 조암 광물

광원 light source

빛을 내는 물체나 장치

아주 뜨거운 물체는 빛을 내요. 우리가 볼 수 있는 광원은 태양, 촛불, 전등이 있어요. 전등이 발명되기 전에는 석유등, 가스등처럼 화석 연료를 많이 썼어요. 요즈음은 에너지를 적게 쓰고도 밝은 빛을 내는 형광등을 많이 써요. 광원이 있어야 우리가 물체를 볼 수 있어요.

광합성 photosynthesis

식물이 햇빛을 받아 이산화탄소와 물로 포도당과 산소 그리고 물을 만드는 활동

뿌리로 물을 빨아들이고, 공기에서 이산화탄소를 흡수해 햇빛 에너지를 써서 포도당과 산소 그리고 물을 만들어요. 광합성을 해서 만든 포도당 분자가 여러 개 모여서 녹말로 저장이 돼요. 아이오딘-아이오딘화칼륨 용액을 잎에 떨어뜨렸을 때, 청람색으로 변하면 식물이 햇빛을 받아 광합성을 했다는 것을 알 수 있어요.
동물은 식물이 생산한 포도당을 섭취하고, 산소를 이용해 호흡을 하므로 생명을 유지할 수 있지요.

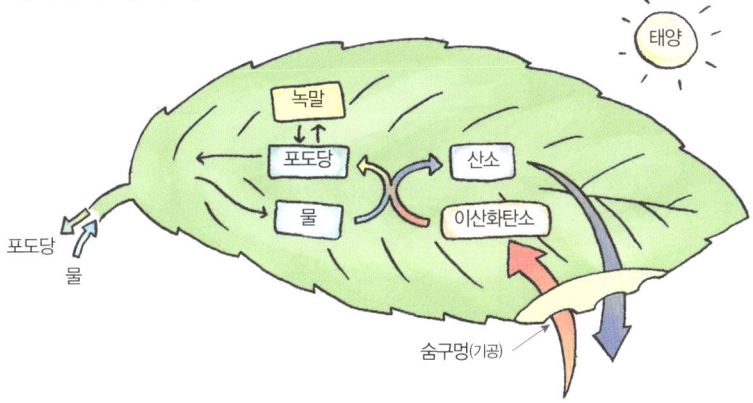

➔ 공기, 산소, 에너지, 이산화탄소

교류 alternating current

흐르는 방향이 변하는 전류

'교류 전류'를 '교류'라고 하는데, 기호는 AC입니다. 발전소에서 만드는 전기는 교류예요. 교류는 변압기를 써서 전압을 높이거나 낮출 수 있어 사용하기에 편리해요.

변압기는 전압을 올리거나 내려 주는 장치예요.

➔ 전류, 전압, 직류

구름 cloud

하늘에 떠 있는 아주 작은 물방울과 얼음 알갱이들

공기 속에는 눈에 보이지 않는 수증기가 많이 있어요. 이들은 온도가 내려가면 물방울 또는 얼음 알갱이가 되지요. 이렇게 작은 물방울이나 얼음 알갱이가 하늘에 떠 있는 것을 구름이라고 해요. 반면에 물방울이 땅 가까이에 머물면 안개라고 하지요.

구름의 종류

새털구름(권운) : 곧 날씨가 흐려진다.

뭉게구름(적운) : 맑은 날에 잘 나타난다.   비늘구름(권적운) : 비가 올 징조다.

비구름(난층운) : 비 또는 눈을 내린다.

➜ 공기, 수증기, 안개

구심력 centripetal force

원운동을 하는 물체에서 원의 중심 방향으로 작용하는 힘

원의 중심 방향으로 작용하여 원운동을 유지하는 힘을 구심력이라고 해요. 구심력은 물체의 운동 방향에 수직으로 작용해요. 달이 지구를 중심으로 도는 까닭은 지구가 달을 끌어당기는 중력 때문이에요. 바로 중력이 구심력이 되는 것이지요.

곡선 도로에서 회전할 때 자동차가 바깥쪽으로 튀어 나가지 않는 까닭은 자동차 바퀴와 지면 사이에 마찰력이 구심력으로 작용하기 때문이에요. 마찰력이 적은 빙판길에서는 위험하겠지요.

> 등속 원운동이란 물체가 일정한 빠르기로 원을 그리는 운동이에요.

➜ 마찰력, 원심력, 중력

굴절 refraction

소리나 빛이 나아가다가 꺾이는 현상

소리나 빛은 어떤 물질을 통과하느냐에 따라 속력이 달라지기 때문에 굴절이 일어납니다. 컵 속의 빨대가 굽어 보이는 것은 빛의 굴절 때문이지요. 렌즈나 프리즘은 빛의 굴절을 이용한 기구입니다.

➜ 렌즈, 프리즘

규암 quartzite

사암이 열과 압력을 받아 성질이 변한 암석

사암은 호수나 바다 밑에 모래가 쌓여 만들어진 퇴적암이에요. 사암이 지각 변동을 받아 지하 깊은 곳으로 들어가면 큰 압력과 열을 받아요. 그러면 규암이라는 변성암이 되는데, 사암보다 훨씬 단단해요.

규암

우리나라 장산규암은 망치로 치면 불꽃이 튈 정도로 단단합니다.

➜ 변성암, 사암, 퇴적암

그물맥 netted venation

그물처럼 얽혀 있는 잎맥

잎 중심에 긴 잎맥이 있고, 그 잎맥을 따라 가지 모양처럼 맥이 퍼져 있는 형태예요. 잎맥의 배열이 그물처럼 되어 있어 그물맥이라고 합니다. 그물맥을 가진 식물은 잎은 넓고 둥근 경우가 많아요. 그물맥은 주로 쌍떡잎식물의 잎에서 볼 수 있어요.

금성 venus

태양에서 두 번째 가까운 행성

태양빛을 잘 반사해서 밝게 보이는 행성입니다. 금성은 크기와 밀도가 유사한 지구의 이웃 행성이지요. 두꺼운 대기층이 대부분 이산화탄소로 이루어져 있어 온실 효과가 크고 표면 온도가 높아요. 친근한 행성이라 이름도 많은데, 해 뜨기 전 동쪽 하늘에 뜨면 '샛별', 해진 후 서쪽 하늘에 뜨면 '개밥바라기'라고 부르기도 해요.

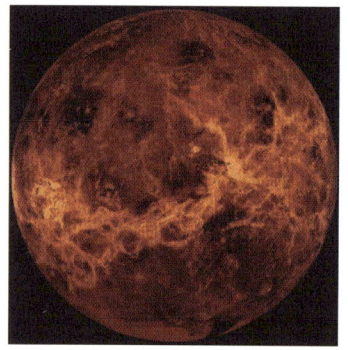
금성

반지름	6052km
질량	0.815(지구=1)
밀도	5.204g/cm³
자전 주기	243일
공전 주기	224.7일(0.615년)
평균 온도	464℃

➜ 대기, 온실 효과, 이산화탄소, 행성

금속 metal

전기가 잘 통하며 광택을 가진 고체

고체 안에는 쉽게 움직일 수 있는 자유 전자가 많아서 열이나 전기가 잘 통해요. 망치로 두드리거나 센 힘으로 잡아당기면 잘 펴지고 길게 늘어나는 성질이 있어요. 대부분 산성 물질과 화학 반응을 일으키며, 이때 수소 기체가 생긴답니다. 수은을 제외한 모든 금속은 고체 상태이며 전성(넓고 얇게 펴지는 성질)과 연성(철사처럼 길게 뽑히는 성질)이 커요.

➜ 고체, 수소, 전기, 전자

기관 organ

조직이 모여 맡은 일을 하는 부분

뿌리·줄기·잎과 같은 영양 기관과 꽃·열매와 같은 생식 기관은 식물에 있는 기관이에요. 간·위·소장·대장 같은 소화 기관, 심장과 같은 순환 기관, 신장 같은 배설 기관은 동물한테 있는 기관이에요.

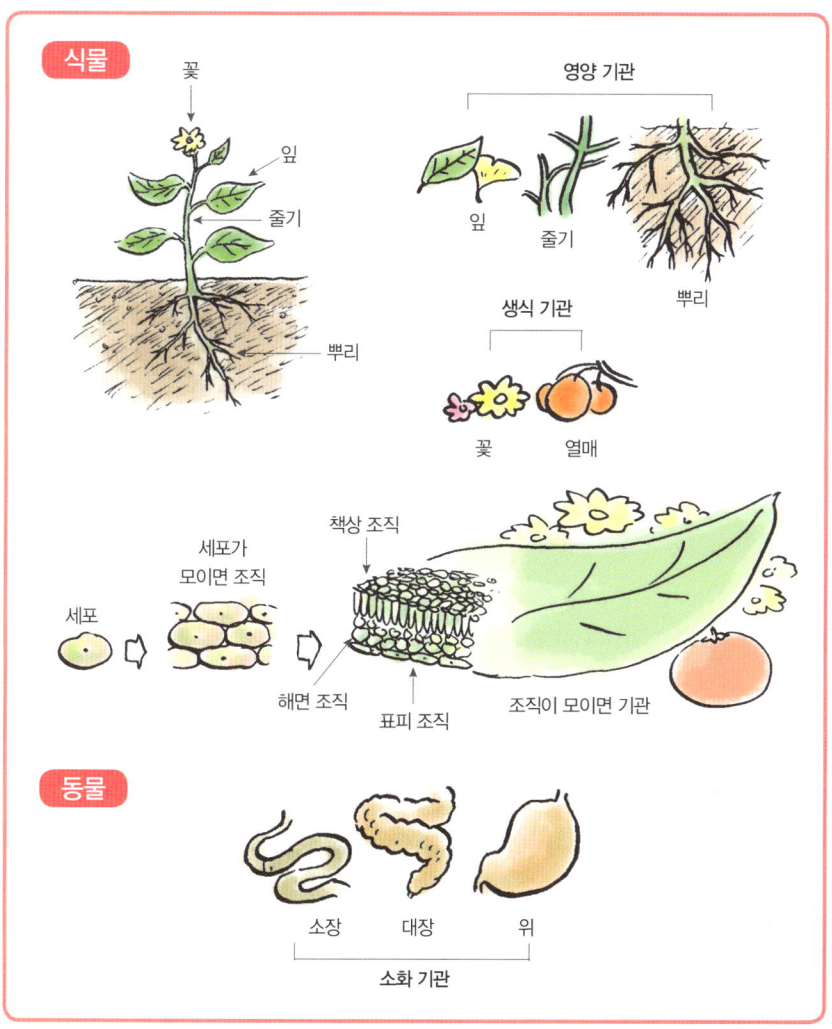

기관(기도) trachea

목구멍에서 폐까지 공기가 지나가는 통로

사람의 기관

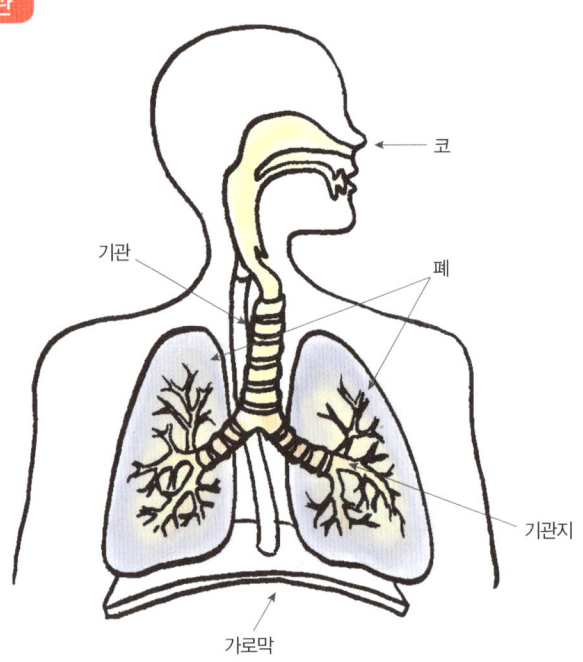

들이마실 때 공기의 이동	코 → 기관 → 기관지 → 폐
내쉴 때 공기의 이동	폐 → 기관지 → 기관 → 코

기침은 왜 할까?
기관이나 기관지에 물이나 이상한 물질(먼지, 세균 따위)이 들어가면 이를 밖으로 내보내기 위해 기침을 해요. 그러니까 기침은 기관이나 기관지를 깨끗하게 하려는 활동이지요. 기침을 할 때 나가는 바람의 속도는 태풍보다 더 빨라요.

➔ 폐(허파)

기생 parasitism

어떤 생물이 다른 생물의 체표 또는 체내에 붙어서 양분을 취하며 생활하는 일

기생은 공생의 한 종류로 한 생물은 이익을, 다른 생물은 손해를 보는 관계를 말해요.

외부 기생	일시적 기생	벼룩, 이, 진드기 등
	주기적 기생	모기, 고목과 버섯, 겨우살이와 나무 등
내부 기생		회충, 요충, 십이지장충, 디스토마, 말라리아 병원충 등

기압 atmospheric pressure

공기가 누르는 힘

지금도 공기는 우리 몸을 누르고 있습니다. 우리 몸을 누르는 공기의 무게는 커다란 코끼리 두 마리가 누르는 무게와 비슷하답니다. 엄청 무겁지만 우리 몸 내부에서 바깥으로 작용하는 압력, 즉 체압이 대기압과 같으므로 몸이 찌그러지거나 부풀지 않는 거예요. 기압의 단위는 hPa(헥토파스칼)입니다.

➔ 공기, 무게

기온 air temperature

공기의 온도

우리나라에서는 땅에서 1.5m의 높이에서 기온을 측정하고 있어요.

> 기온의 단위에는 섭씨온도(°C), 화씨온도(°F), 절대온도(0K=-273.15°C)가 있는데, 우리나라는 섭씨온도를, 미국은 화씨온도를 사용해요.

➜ 공기

기체 gas

물질이 나타내는 네 가지 상태(고체, 액체, 기체, 플라즈마) 중 하나

일정한 모양과 부피를 갖지 않는 기체는 온도가 1도씩 낮아질 때마다 부피가 $\frac{1}{273}$로 줄어들어요. 일정한 압력에서 기체의 온도를 높이면 부피가 증가하고 온도를 낮추면 부피가 감소해요.

> 기체 상태에서는 분자들이 각각 마음대로 움직일 수 있기 때문에 온도와 압력에 따라 부피가 달라지는 거예요.

꽃 flower

속씨식물의 생식 기관으로 씨앗을 만드는 곳

꽃은 꽃가루받이(수분)에 필요한 암술과 수술, 꽃잎과 꽃받침으로 이루어져 있어요. 꽃밥은 꽃가루(화분)가 만들어지는 곳이고, 씨방은 꽃가루받이를 한 뒤에 씨로 변할 밑씨를 보호하는 곳입니다. 꽃잎은 암술과 수술을 둘러싸고 보호해요.

꽃의 구조

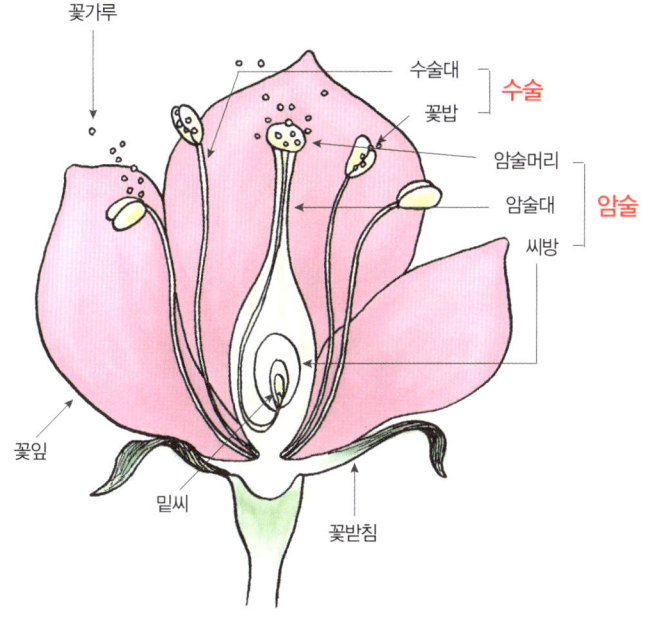

암술, 수술, 꽃잎, 꽃받침이 모두 있는 꽃을 '갖춘꽃'이라고 하고, 암술, 수술, 꽃잎, 꽃받침 가운데 한 부분이라도 없는 꽃을 '안갖춘꽃'이라고 해요. 또 나팔꽃이나 붓꽃처럼 꽃잎이 붙어 있는 꽃은 '통꽃', 복숭아꽃이나 장미꽃처럼 꽃잎이 떨어져 있는 꽃은 '갈래꽃'이라고 해요.

➜ 속씨식물

꽃식물 flowering plants

꽃이 피는 식물

꽃이 피는 식물을 꽃식물, 꽃이 피지 않는 식물을 민꽃식물이라고 해요. 나팔꽃, 사과, 호박과 같은 꽃식물은 꽃가루를 만들고, 꽃가루받이를 통해 씨나 열매를 맺어서 번식해요. 민꽃식물은 홀씨로 번식을 하지요.

해바라기

장미

꽃식물은 '종자식물'이라고도 해요.

➡ 속씨식물, 종자식물

꿀샘 nectary

달콤하고 단맛이 있는 액체를 만드는 식물의 기관

꿀샘은 대부분 꽃잎이 시작하는 부분 안쪽에 있어요. 꿀샘에서 만들어진 꽃꿀은 곤충이나 새를 꽃으로 불러 모아요. 곤충이나 새는 꽃의 꿀을 따 먹는 대신 꽃가루를 다른 꽃으로 옮겨서 꽃가루받이를 해 주지요.

➜ 꽃, 기관

끓는점 boiling point

액체가 기체로 상태 변화를 할 때의 온도

끓는점은 외부 압력에 따라 다른 값을 나타내요. 바깥의 압력이 클수록 높아지고, 압력이 작을수록 낮아지지요. 그래서 높은 산에 올라가면 압력이 낮아지므로 끓는점도 낮아진답니다.

➜ 증발

> 모든 문제에는 반드시 문제를 푸는 열쇠가 있다. 끊임없이 생각하고 찾아내라.
> _ 노먼 빈센트

나이테 annual ring

나무의 줄기나 뿌리를 가로로 자른 면에서 볼 수 있는 둥근 띠

나무는 여름에 빨리 자라고 가을에 천천히 자라다가 겨울에는 거의 자라지 않아요. 그래서 여름에는 줄기 속에 넓고 연한 테가 생기고, 가을 동안 좁고 진한 띠가 생겨요. 1년에 넓고 좁은 테가 하나씩 생기기 때문에 나무의 나이는 나이테 수를 세어 보면 알 수 있어요.

폭이 넓은 나이테가 연속으로 보이면 비가 많이 내렸다는 뜻이고, 폭이 좁은 나이테가 연속으로 보이면 비가 적게 내렸거나 가뭄이 이어졌다는 뜻입니다.

➜ 뿌리, 줄기

나침반 compass

방향을 알려 주는 기구

나침반의 바늘은 자석입니다. 지구가 커다란 자석처럼 자극을 가지기 때문에 지구의 북쪽을 가리키는 나침반 바늘을 N극이라 하고, 그 반대쪽을 S극이라 해요. 나침반의 N극은 언제 어디서나 북쪽을 가리키므로 나침반을 갖고 있으면 자신이 있는 곳의 위치와 방향을 짐작할 수 있어요.

나침반

왜 북쪽은 N극, 남쪽은 S극이라 하나요?

영어로 북쪽을 North, 남쪽은 South라고 하지요. 영어의 앞자를 따서 북쪽은 N극, 남쪽은 S극이라고 해요.

난생 oviparity

알로 태어나 어미 몸 밖에서 자라는 것

닭이나 개구리처럼 어미가 알을 낳고, 알 속에 있는 양분으로 새끼가 자라다 알을 깨고 나오는 것이 난생이에요. 어류, 양서류, 곤충, 파충류, 조류가 난생을 해요.

➜ 곤충, 양서류, 어류, 조류, 파충류

난자 ovum

암컷의 생식 세포

동물의 난자는 영양분을 가지고 있어서 정자보다 커요. 그래서 정자처럼 잘 움직일 수는 없어요. 난자는 난소에서 만들어져요. 사람의 난소는 속에 있는 덜 자란 난자를 한 달에 한 개씩 수정될 수 있는 난자로 키워 내보내요. 이것을 배란이라고 해요. 여자는 평생 쓸 난자를 300~400개쯤 가지고 태어나요.

> **난자의 크기는 모두 같은가요?**
> 사람 난자의 지름은 0.25mm, 생쥐 난자의 지름은 0.06mm, 닭의 난자인 달걀의 지름은 35mm, 타조의 난자인 타조 알의 지름은 150mm랍니다. 이렇게 난자의 크기가 다른 것은 난자에 들어 있는 양분의 차이 때문이에요.

➜ 생식 세포

남반구 Southern Hemisphere

적도 남쪽의 반구

아프리카의 일부와 남아메리카, 오세아니아의 대부분, 남극이 남반구에 속해요. 해와 달의 움직임은 '동→북동→북→북서→서'의 순서이며, 달의 모양도 북반구에서와는 다르게 보여요. 우리나라가 속한 지역은 북반구입니다.

남중고도 meridian altitude

태양이 정남쪽을 지날 때의 고도

태양 고도 측정기를 이용하여 남중고도를 구할 수 있어요. 우리나라는 동경 135도를 표준시로 사용하고 있기 때문에 실제 태양이 남중하는 시간은 12시 25분이 됩니다.

춘분, 추분 남중고도	$90° -$ 위도
하지 남중고도	$90° -$ 위도 $+ 23.5°$
동지 남중고도	$90° -$ 위도 $- 23.5°$

➜ 위도와 경도

노폐물 metabolic decomposition product

생물이 흡수한 음식물을 에너지나 생물체를 이루는 물질로 바꾸어 쓸 때 함께 생기는 물질 가운데 생물체에 필요 없거나 해가 되는 물질

음식물 속에 들어 있는 탄수화물과 지방이 분해되어 이산화탄소와 물이 만들어져요. 단백질이 분해되면 에너지와 함께 이산화탄소와 물 그리고 암모니아가 생기지요. 이산화탄소나 암모니아 같은 물질은 우리 몸에 필요 없는 물질이에요. 그리고 우리 몸에 쌓이면 해가 돼요. 이렇게 우리가 먹은 음식물이 에너지로 쓰이거나 우리 몸을 이루는 물질로 바뀔 때 우리 몸에 필요 없거나 해를 끼치는 물질이 함께 생겨요. 이러한 물질을 노폐물이라고 해요.

➜ 단백질, 이산화탄소

녹는점 melting point

물질이 고체 상태에서 액체 상태로 변할 때의 온도

고체 상태의 물질에 열을 더하면 물질을 이루는 분자들의 움직임이 활발해지면서 점점 흩어져 액체 상태가 되기 시작하는데, 이때의 온도를 녹는점이라고 해요. 반대로 액체 상태에서 고체 상태로 변할 때의 온도는 어는점이라고 하는데, 녹는점과 어는점의 온도는 서로 같답니다. 1기압에서 얼음의 녹는점은 0℃이고, 물의 어는점도 0℃입니다.

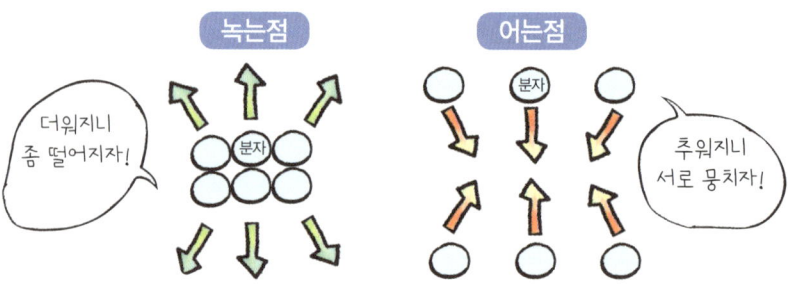

➜ 고체, 기압, 분자, 어는점

녹조류 green algae

잎에 엽록소가 있어서 초록색을 띠는 물속 식물

민물이나 얕은 바다에 사는 식물이에요. 파래, 청각 같은 것이 있지요.

녹조류

바닷속 바위에서 뜯는 미역이나 다시마는 빛깔이 갈색이라서 '갈조류'라고 해요.

김이나 우뭇가사리는 붉은빛이 나서 '홍조류'라고 해요.

➜ 식물

뇌 brain

감각 기관에서 정보를 받아 필요한 명령을 하는 중추 신경

뇌는 물렁물렁하고 주름이 많아요. 그래서 단단한 머리뼈로 보호하고 있지요. 뇌는 대뇌, 소뇌, 뇌간의 3부분으로 구분되며, 다시 뇌간은 간뇌, 중뇌, 교뇌, 연수의 4부분으로 구분돼요. 대뇌는 뇌의 75% 정도를 차지하는 아주 큰 뇌예요.

뇌의 종단면

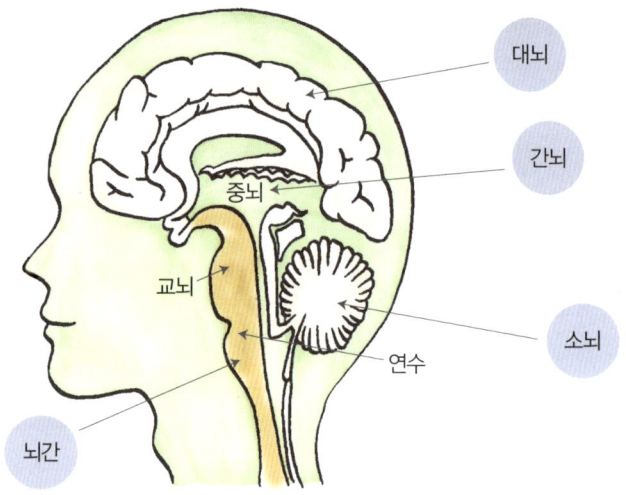

각 뇌는 어떤 일을 하나요?
간뇌 – 체온과 잠을 조절함.
중뇌 – 눈 운동을 조절함.
교뇌 – 대뇌와 소뇌의 정보를 연결함.
연수 – 소화, 심장 박동, 호흡을 조절함.
소뇌 – 근육 운동을 조절하여 몸의 균형을 유지함.
대뇌 – 생각하고 판단하고 기억하는 일과 감정을 조절함.

➔ 신경

눈 bud

어린 꽃이나 어린잎이 될 부분

봄과 여름 동안 생긴 눈을 '여름눈'이라 하고, 여름에서 가을 동안 생긴 눈을 '겨울눈'이라 해요. 겨울눈은 두꺼운 껍질이나 여러 겹의 비닐, 또는 잔털이나 끈적끈적한 액체로 둘러싸여 있어 추운 겨울에도 얼지 않아요.

목련의 겨울눈

겨울에 날씨가 추워서 내리는 얼음 알갱이 '눈'과 다르다는 걸 명심하세요.

➔ 꽃, 줄기

눈 snow

구름에서 떨어지는 얼음 알갱이

구름에서 땅까지 내려오는 얼음 알갱이를 '눈'이라고 해요. 기온이 0℃보다 낮을 때는 눈으로 내리고, 기온이 0℃보다 높으면 눈이 녹아서 비가 되어 내려요. 눈의 결정은 육각형이 가장 많지만 판 모양, 각기둥 모양, 바늘 모양도 있어요. 기온이 영하 5℃보다 높을 때는 눈의 결정이 서로 엉겨 붙어 눈송이를 이루고 기온이 낮을 때는 눈송이를 이루지 못해 가루눈으로 내린답니다.

눈의 결정

눈의 결정은 온도가 낮고 습도가 높을수록 더 복잡하고 정교한 모양을 가져요!

➜ 결정, 구름, 기온

눈금 실린더 measuring cylinder

액체의 부피를 재는 실험 기구

눈금 실린더를 평평한 곳에 두고 액체의 표면 가운데 내려간 부분의 눈금을 읽어요.

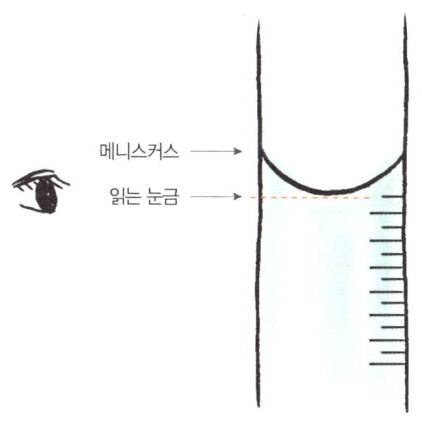

말은 행실의 그림자다. 말이 아니라 행동으로 유명해져라.
_ 데모크리토스

다지류 Myriapoda

땅 위에 살고 다리가 많은 절지동물

머리와 몸통으로 구분해요. 몸통은 마디가 여러 개이고 마디마다 다리가 한 쌍 또는 두 쌍씩 있어요. 축축하고 어두운 곳을 좋아해요. 지네, 노래기 따위가 있어요.

➡ 절지동물

단백질 protein

아미노산이 연결되어 만들어진, 분자량이 매우 큰 화합물

단백질은 사람의 3대 영양소 가운데 하나로, 세포를 이루는 중요한 물질이에요. 탄소·산소·수소·질소 따위의 원소를 함유하고 있으며, 아미노산이라는 비교적 단순한 분자들이 연결되어 만들어진 복잡하고 분자량이 매우 큰 분자예요.

➔ 분자, 산소, 수소, 질소, 탄소

단층 fault

지각에 미치는 압력으로 인해 어긋나거나 미끄러진 지각 변동으로 생긴 지질 구조

지구는 내부와 외부의 온도 차이를 해소하기 위해 지각에 힘을 주는데, 지각은 이 강력한 에너지를 견디지 못하여 단층이라는 구조를 만들면서 움직여요. 단층은 땅이 움직이고 있다는 증거지요.

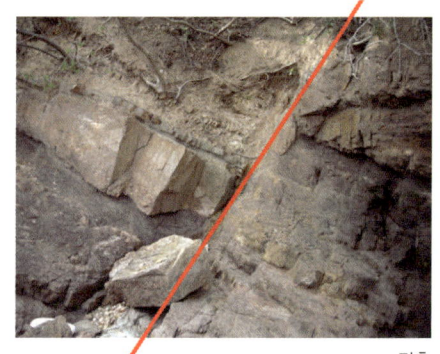

단층

단층의 종류

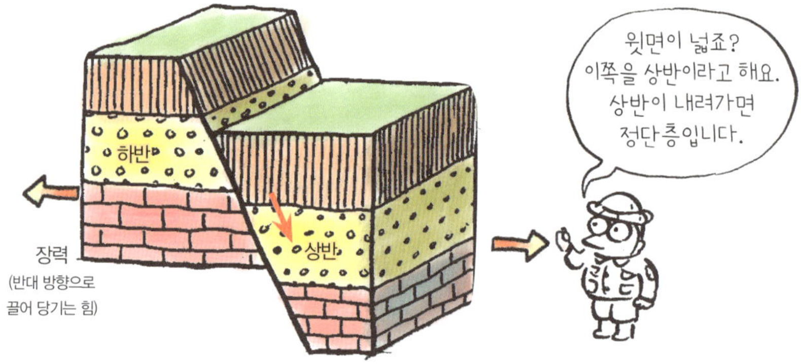

하반
상반
장력
(반대 방향으로 끌어 당기는 힘)
윗면이 넓죠? 이쪽을 상반이라고 해요. 상반이 내려가면 정단층입니다.

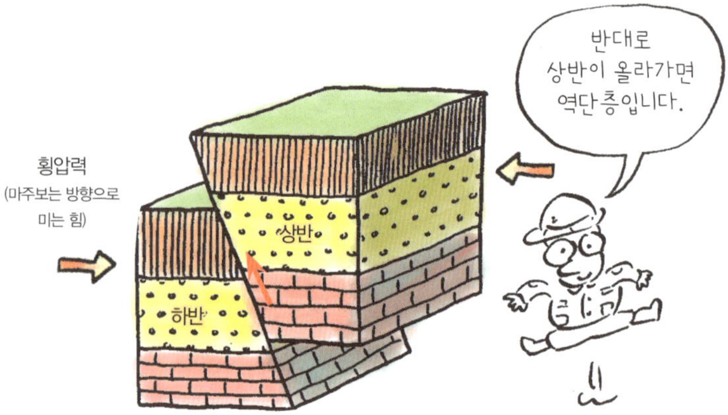

횡압력
(마주보는 방향으로 미는 힘)
상반
하반
반대로 상반이 올라가면 역단층입니다.

➔ 암석, 지층

달 moon

태양 빛을 반사하여 밤에 빛을 내며, 지구를 돌고 있는 위성

달의 지름은 지구의 약 $\frac{1}{4}$ 이며, 질량은 지구의 $\frac{1}{81}$ 이에요. 지구까지의 거리는 평균 38만 4400킬로미터예요. 달이 스스로 한 바퀴를 도는 자전 주기와 지구를 한 바퀴 도는 달의 공전 주기가 27.3일로 같아요. 그렇기 때문에 우리는 달의 뒷면을 볼 수 없어요.(동주기자전 synchronous rotation)

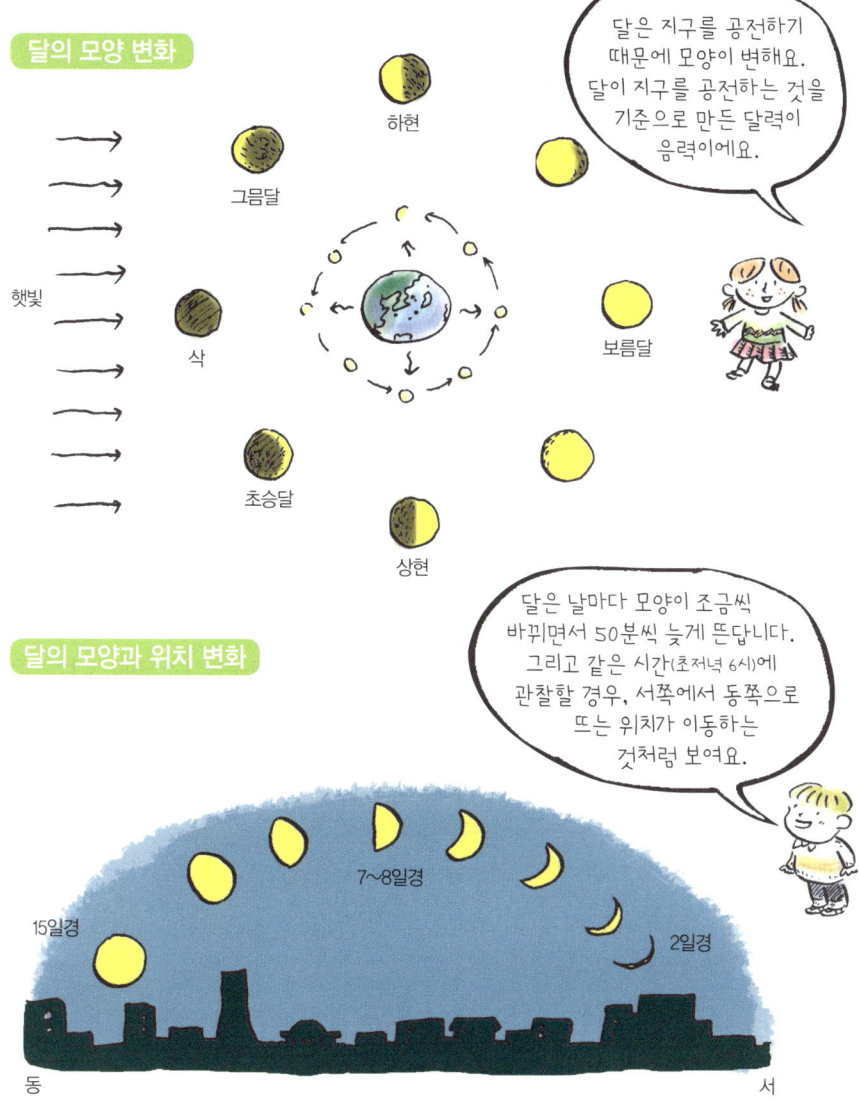

달의 모습은 북반구와 남반구에서 서로 반대로 보여요.

➜ 공전, 자전, 태양

대기 atmosphere

지구를 둘러싸고 있는 기체

대기는 여러 기체의 혼합물인데, 보통 공기라고 해요. 지구의 중력 때문에 외계로 날아가지 못하고 붙들려 있는 거예요.

분류	기온 분포	특징
대류권 (지표~11km)	올라갈수록 기온 하강	대류 현상, 기상 현상 발생
성층권 (11~50km)	올라갈수록 기온 상승	오존층의 자외선 흡수로 기온 상승
중간권	올라갈수록 기온 하강	수증기가 희박하여 기상 현상이 일어나지 않음
열권 (~1000km)	올라갈수록 기온 상승	오로라 현상, 전리층 형성

➜ 공기, 중력

대류 convection

액체나 기체가 위아래로 움직이면서 열을 전달하는 현상

액체나 기체가 뜨거워지면 밀도가 작아져 위로 올라가고, 식으면 밀도가 커져 다시 아래로 내려오면서 열을 전달합니다.

낮에는 육지의 공기가 뜨거워서 가벼워지니까 위로 올라가고, 밤에는 공기가 차가우니까 아래로 내려오는 거예요.

➜ 밀도

대리암 marble

탄산칼슘 성분으로 이루어진 퇴적암(석회암)이 높은 열과 강한 압력을 받아 변한 암석

대리암은 자르기 쉽고 색깔과 무늬가 아름다워요. 산성 물질과 열에 약하며, 실내 장식과 조각품을 만드는 데 많이 쓰여요. 대리석이라는 이름으로 더 널리 알려져 있습니다. 흰색이 많지만 물결무늬가 있거나 불그스름한 것, 누르스름한 것도 있지요.

대리암

고대 이집트 시대부터 건축물이나 조각품에 널리 쓰였대요.

➜ 석회암

대장 large intestine

큰창자라고도 하며 소장(작은창자)의 끝에서 항문까지 이어지는 부분

길이가 약 1.5~1.6m이며 소장보다 굵어요. 영양분은 흡수하지 않고 물만 흡수해요. 그래서 대장에서는 소화·흡수되고 남은 찌꺼기가 굳어져 똥으로 변하는 것이지요.

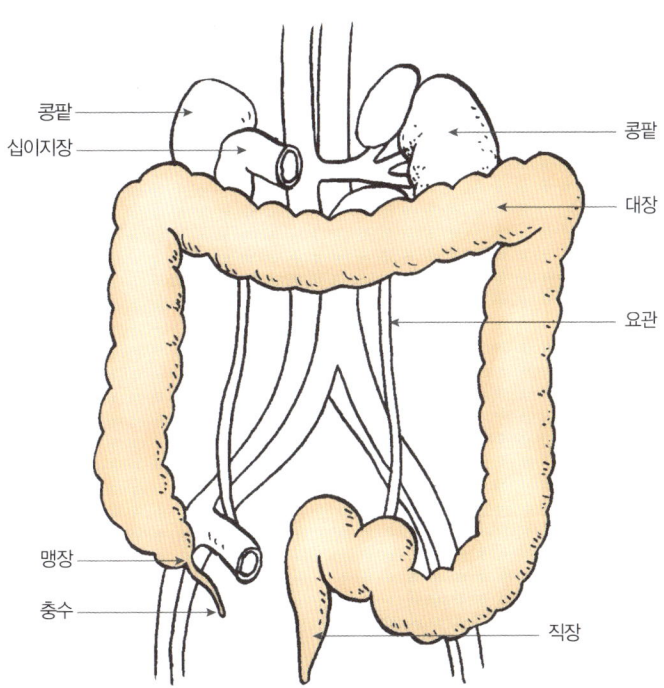

대장의 위치와 모양

➜ 소장, 소화 기관

도체 conductor

전기나 열을 잘 전달하는 물질

철과 같은 금속은 도체입니다. 도체가 전기나 열을 잘 전달하는 것은 자유 전자가 많기 때문이에요.

> **반도체와 초전도체는 뭐예요?**
>
> 은(Ag)이나 구리(Cu)처럼 전류가 잘 통하는 물질을 도체, 유리나 고무처럼 전류가 잘 통하지 않는 물질을 부도체 또는 절연체라고 해요. 또 순수한 규소(Si)나 게르마늄(Ge)은 도체와 부도체의 중간쯤 돼요. 이런 물질을 반도체라고 해요. 반도체는 조건에 따라 전류가 흐르기도 하고 흐르지 않기도 해요. 그리고 어떤 온도 이하에서 저항이 0이 되는 물질을 초전도체라고 해요. 초전도체는 아주 강한 자석이 있어야 하는 자기 부상 열차에 쓰여요.

➜ 금속, 자기 부상 열차, 자유 전자, 전기

동맥 artery

심장에서 나온 피가 흐르는 혈관

크게 대동맥과 폐동맥으로 구분해요. 대동맥은 산소가 많이 들어 있는 피를 온몸에 전하는 일을 하고, 폐동맥은 이산화탄소가 많은 피를 폐로 전하는 일을 해요. 동맥의 벽은 두껍고 탄력이 있어요.

➜ 심장, 정맥

동물 animal

움직일 수 있으며 다른 생물로부터 양분을 얻어 살아가는 생물

동물은 먹이를 찾아 움직여야 살아갈 수 있어요. 그래서 식물과 달리 근육이 있고 눈·코·귀 같은 감각 기관이 발달했어요. 지금까지 발견된 동물은 200만 종이 넘어요. 동물은 생김새나 크기, 사는 곳이 다르기 때문에 연구를 위해 여러 가지 기준으로 분류를 하는데, 크게 척추동물과 무척추동물로 나누어요. 어류·양서류·파충류·조류·포유류가 척추동물이고, 해면동물·강장동물·연체동물·환형동물·절지동물은 무척추동물이에요.

어류, 양서류, 파충류, 조류, 포유류
척추동물

해면동물, 강장동물, 연체동물, 환형동물, 절지동물
무척추동물

➜ 감각 기관, 강장동물, 양서류, 어류, 연체동물, 절지동물, 조류, 파충류, 포유류, 해면동물, 환형동물

드라이아이스 dryice

이산화탄소를 압축하고 얼려서 고체로 만든 것

드라이아이스는 매우 차가워요. 온도가 영하 78.5℃로 매우 차가우니까 함부로 만지면 동상을 입을 수 있어요. 보관함에 드라이아이스를 넣으면 아이스크림이 잘 녹지 않고, 변하기 쉬운 음식도 금방 상하지 않아요. 드라이아이스를 녹이면 물이 되지 않고 바로 기체가 되는데, 이러한 현상을 승화라고 해요.

드라이아이스

드라이아이스 만드는 방법

왜 마른(dry) 얼음(ice)이라고 할까요?

얼음과 드라이아이스는 서로 비슷한 것 같지만 달라요. 얼음은 녹으면 물이 되지만, 드라이아이스는 녹으면 바로 기체가 되어 날아가요. 그래서 녹아도 젖지 않기 때문에 마른(dry) 얼음(ice)이라고 하는 거예요.

➜ 고체, 승화, 이산화탄소

디엔에이(DNA) Deoxyribo Nucleic Acid

생물의 생김새나 성질에 관한 정보를 담고 있는 유전 물질

인산, 당, 염기로 이루어져 있고 꽈배기와 비슷한 모양을 하고 있어요. 염기는 아데닌(adenine:A)·구아닌(guanine:G)·시토(cytosine:C)·티민(thymine:T)의 네 종류가 있어요. 이 네 가지 염기가 어떻게 연결되느냐에 따라 디엔에이의 유전 정보가 달라져요.

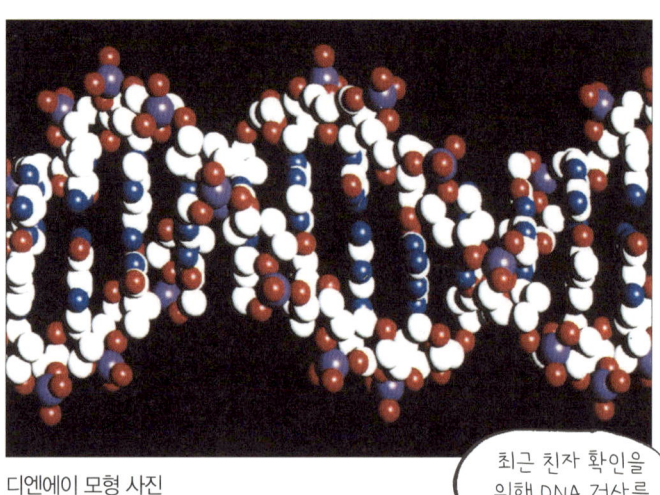

디엔에이 모형 사진

최근 친자 확인을 위해 DNA 검사를 많이 하고 있어요.

➜ 복제 동물, 유전

땀샘 sweat gland

땀을 만들고 내보내는 곳

땀샘은 포유류(젖먹이 동물)에서만 볼 수 있어요. 땀샘에서 나오는 땀의 99%는 물이에요. 이 밖에 소금, 칼륨, 질소 함유물, 젖산이 아주 조금 들어 있어요. 땀샘은 땀을 만들어 물과 노폐물을 밖으로 내보낼 뿐 아니라 체온을 조절하는 일도 해요. 여름에 땀을 많이 흘리면 땀이 마르면서 열을 빼앗아 가, 체온이 오르는 것을 막는답니다.

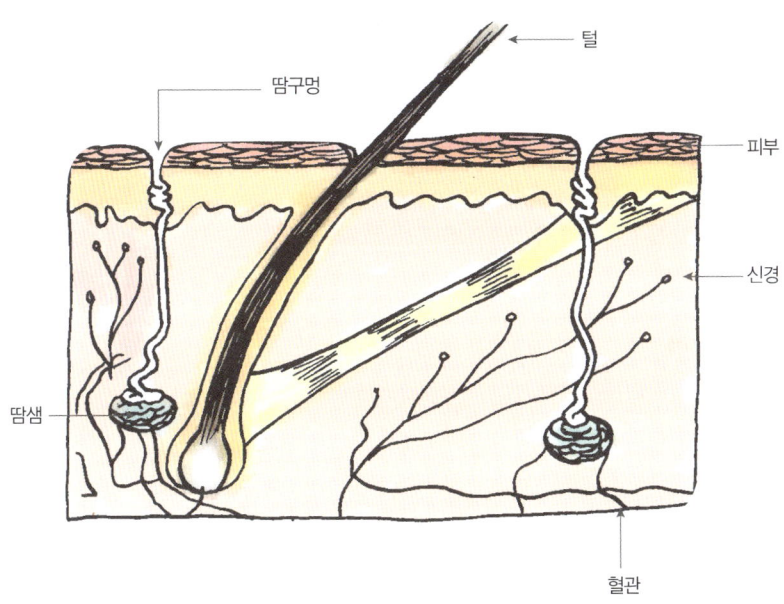

➜ 질소, 포유류

떡잎 cotyledon

씨앗에서 맨 처음 나오는 잎

겉씨식물은 떡잎 두 장이 마주나거나 여러 장이 바퀴 모양으로 돌려나요. 쌍떡잎식물은 떡잎 두 장이 마주나고, 외떡잎식물은 떡잎이 한 장만 나요. 외떡잎식물은 떡잎이 한 장만 나기 때문에 이를 보호하기 위해 떡잎을 감싸는 아주 작고 얇은 떡잎싸개가 나와요.

쌍떡잎

➜ 겉씨식물, 쌍떡잎식물, 외떡잎식물

장애물이 나를 이길 수 없다. 모든 장애는 굳은 결심 앞에서 항복하고야 만다.
_ 레오나르도 다 빈치

레이저 laser

한 가지 색으로 강한 빛을 내보내는 장치

레이저는 원자나 분자를 자극해 빛을 만들고, 그 빛이 다시 원자와 충돌을 반복하면서 하나의 색으로 된 강한 빛을 내보내는 광원입니다. 레이저 빛은 거의 퍼지지 않고 똑바로 나가요. 그래서 짧은 시간 동안 좁은 면적에 아주 높은 에너지를 모을 수 있기 때문에 물건을 자르거나 아픈 곳을 치료하는 데 써요. 레이저 빛은 가시광선처럼 여러가지 색이 섞여 있지 않고 한 가지 색으로 되어 있어요.

레이저는 유도방출광선증폭(Light Amplification by the Stimulated Emission of Radiation)의 머리글자를 따서 지은 명칭이에요.

레이저

➔ 가시광선, 광원, 분자, 원자

렌즈 lens

유리와 같이 투명한 물질의 면을 둥글고 곱게 갈아 빛을 모으거나 퍼지게 하는 기구

오목 렌즈는 빛을 퍼지게 하고, 볼록 렌즈는 빛을 한 점에 모이게 해요. 볼록 렌즈는 돋보기에, 오목 렌즈는 근시용 안경에 사용해요.

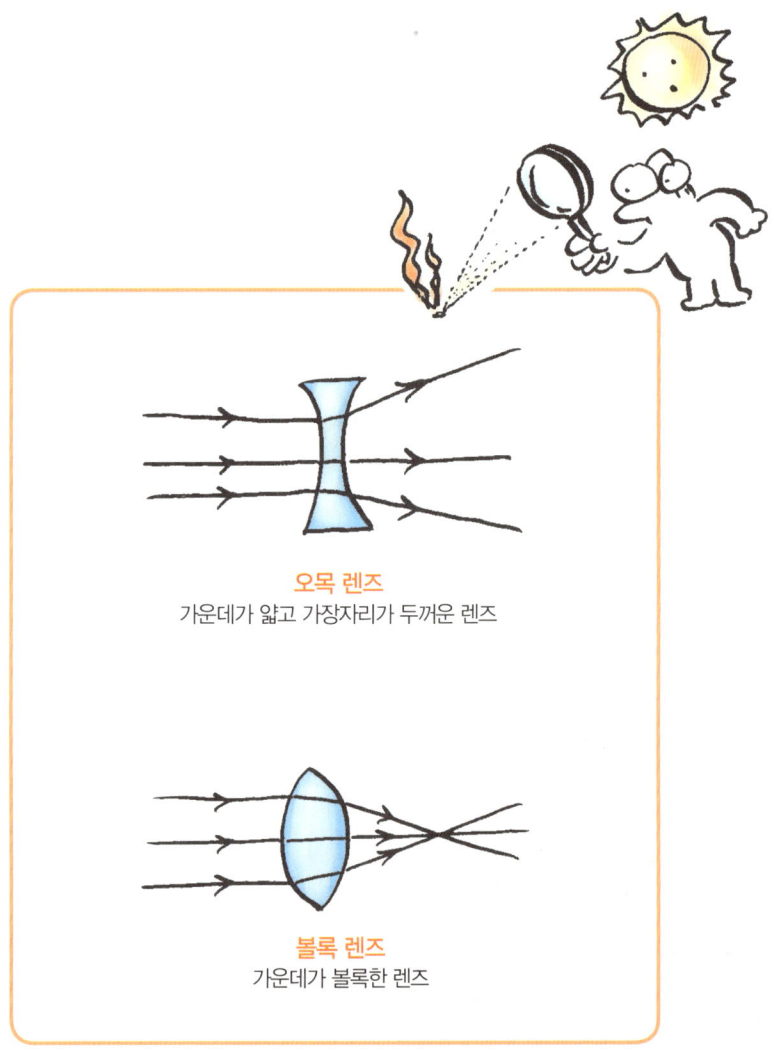

오목 렌즈
가운데가 얇고 가장자리가 두꺼운 렌즈

볼록 렌즈
가운데가 볼록한 렌즈

➜ 오목 렌즈

과학은 진실, 경험 그리고 실험에 바탕을 둔 설명을 준다.
_ 로잘린드 프랭클린

마그마 magma

깊은 땅속에서 암석이 뜨거운 열을 받아 녹은 것

암석이 깊은 땅속에서 녹아 있는 것을 마그마라 하고, 마그마가 지표로 뿜어져 나오면 화산이나 용암 대지를 이루어요. 마그마가 지표로 분출되면 용암이라고 하고, 분출되어 식은 암석을 현무암, 마그마가 식어서 만들어진 암석을 화강암이라고 해요.

마그마

➜ 암석, 용암, 화성암

마이크로파 microwave

1mm에서 1m 사이의 파장을 가진 전자기파

적외선보다는 파장이 길고, 라디오파보다는 파장이 짧아요. 전자레인지에서는 마이크로파가 물 분자를 진동하게 해서 음식물을 데웁니다. 휴대 전화, 텔레비전, 레이더에도 마이크로파를 이용해요.

전자레인지

➜ 적외선, 전자기파, 파장

마찰력 frictional force

두 물체가 맞닿아 움직일 때 그 운동을 방해하는 힘

얼음판은 잘 미끄러지므로 마찰력이 작고, 도로는 마찰력이 큰 편이에요. 또 물체가 무거울수록, 물체가 닿는 면이 거칠수록(마찰 계수가 클수록) 마찰력은 크지요.

마찰 계수는 닿은 면의 거친 정도를 나타내요.

망원경 telescope

멀리 있는 물체를 크고 정확하게 보이도록 만든 도구

망원경으로 멀리 있는 물체를 보면 눈앞에 와 있는 것처럼 가깝게 보여요. 빛을 모아서 보는 망원경은 광학 망원경이라고 해요. 광학 망원경에는 거울로 빛을 반사시켜 모으는 반사 망원경과 렌즈로 빛을 굴절시켜 모으는 굴절 망원경이 있어요. 1611년 그리스 수학자 갈릴레오 갈릴레이가 처음으로 굴절 망원경을 천문학 관측에 사용했어요.

아일랜드에 있는 세계 최대의 천체 망원경이에요.

천체 망원경

굴절 망원경 ← 렌즈 이용

● 케플러식 굴절 망원경

경통, 접안 렌즈, 균형추, 삼각대

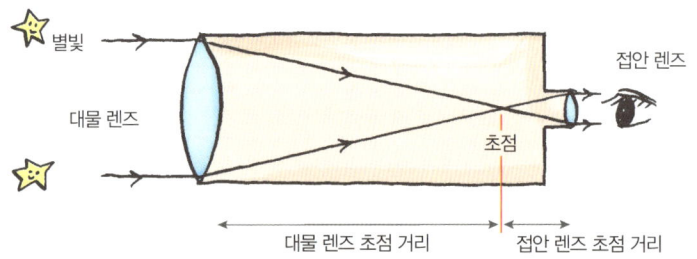

대물 렌즈(볼록 렌즈) : 천체에서 오는 빛을 모음
접안 렌즈(볼록 렌즈) : 상을 확대

반사 망원경 ← 거울 이용

• 뉴턴식 반사 망원경

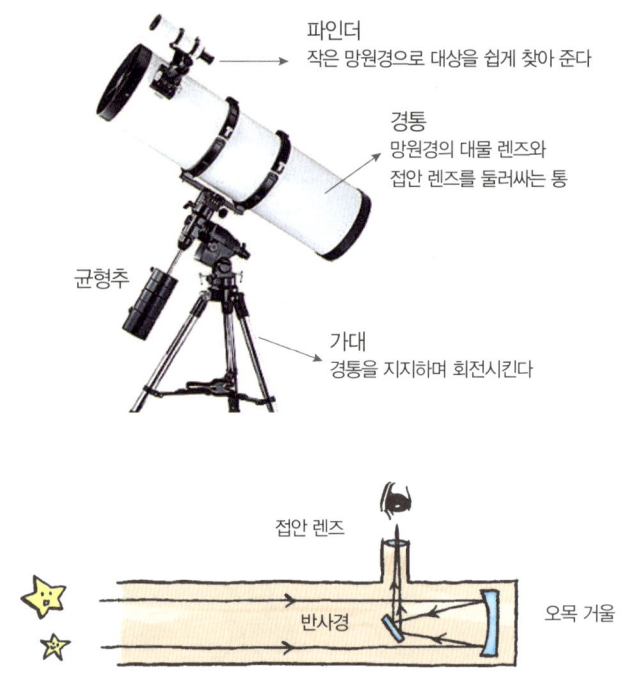

오목 거울 : 천체에서 오는 빛을 모아 평면 거울로 반사
접안 렌즈(볼록 렌즈) : 상을 확대

➜ 굴절, 렌즈, 오목 거울

매질 medium

파동과 같은 물리적 작용을 다른 곳으로 전달하는 물질

소리는 공기라는 매질을 통해서 전달되고, 지진파는 지각, 맨틀, 핵 등의 매질을 통해서 퍼져 나가요. 반면에 빛이나 전파와 같은 전자기파는 전달하는 물질이 필요 없으므로 진공에서도 잘 전해져요.

➜ 공기, 전자기파

맥박 pulse

동맥 벽이 되풀이하여 늘어났다 줄어들었다 하는 것

살아 있는 사람의 심장은 쉼 없이 뛰고 있어요. 심장은 온몸에 퍼져 있는 혈관을 통해 혈액을 내보내고 있어요. 심장이 뛸 때 혈관 벽에 혈액이 흐르면서 생긴 박동이 맥박입니다. 맥박이 빠른 사람은 심장이 빨리 뛰고 있는 거예요. 한의사들은 맥박을 짚어 보고 병을 알아내기도 해요.

➜ 동맥, 심장

먹이 그물 food web

생태계에서 여러 생물의 먹이 연쇄가 그물처럼 얽혀 있는 것

생태계에서 생물들의 먹이 관계가 거미줄처럼 복잡하게 얽혀 있는 것을 말해요. 동물들이 한 종류의 먹이만 먹는 것이 아니기 때문에 먹이 연쇄 여러 개가 얽혀 그물처럼 보이는 것입니다.

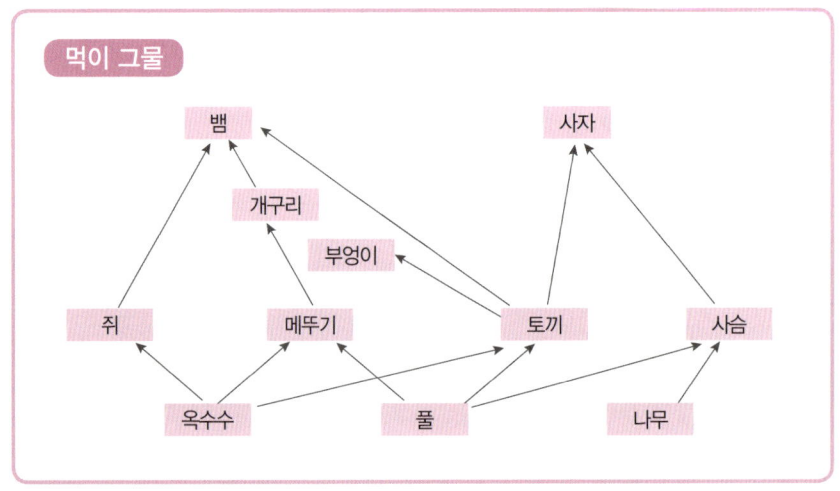

먹이 연쇄(먹이 사슬) food chain

생태계에서 먹이를 중심으로 생물들의 관계를 차례로 나타낸 것

식물을 초식 동물이 먹고, 이 초식 동물을 육식 동물이 먹지요. 육식 동물이 죽으면 썩어서 거름이 되어요. 그 거름을 먹고 식물이 자라고요. 생태계에서 물질은 먹이 연쇄를 따라 이렇게 순환합니다.

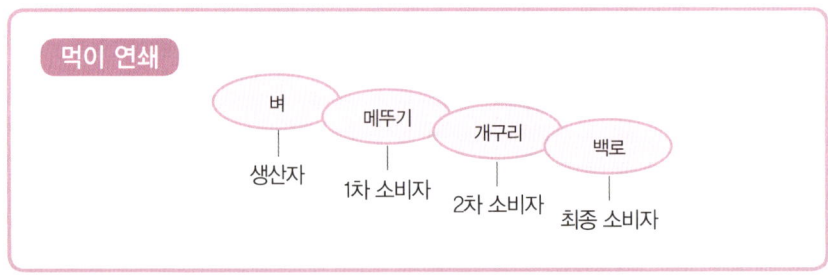

먹이 피라미드 food pyramid

먹이 연쇄 관계가 이루어지는 생물의 수와 양을 피라미드 모양으로 나타낸 것

먹이 피라미드는 아래쪽에 생산자(식물)가 있어요. 위로 올라갈수록 1차·2차·최종 소비자가 있지요. 생태계에서는 1차·2차·최종 소비자로 갈수록 생물의 수가 적어집니다.

➜ 먹이 연쇄, 생태계, 소비자

멘델의 유전 법칙

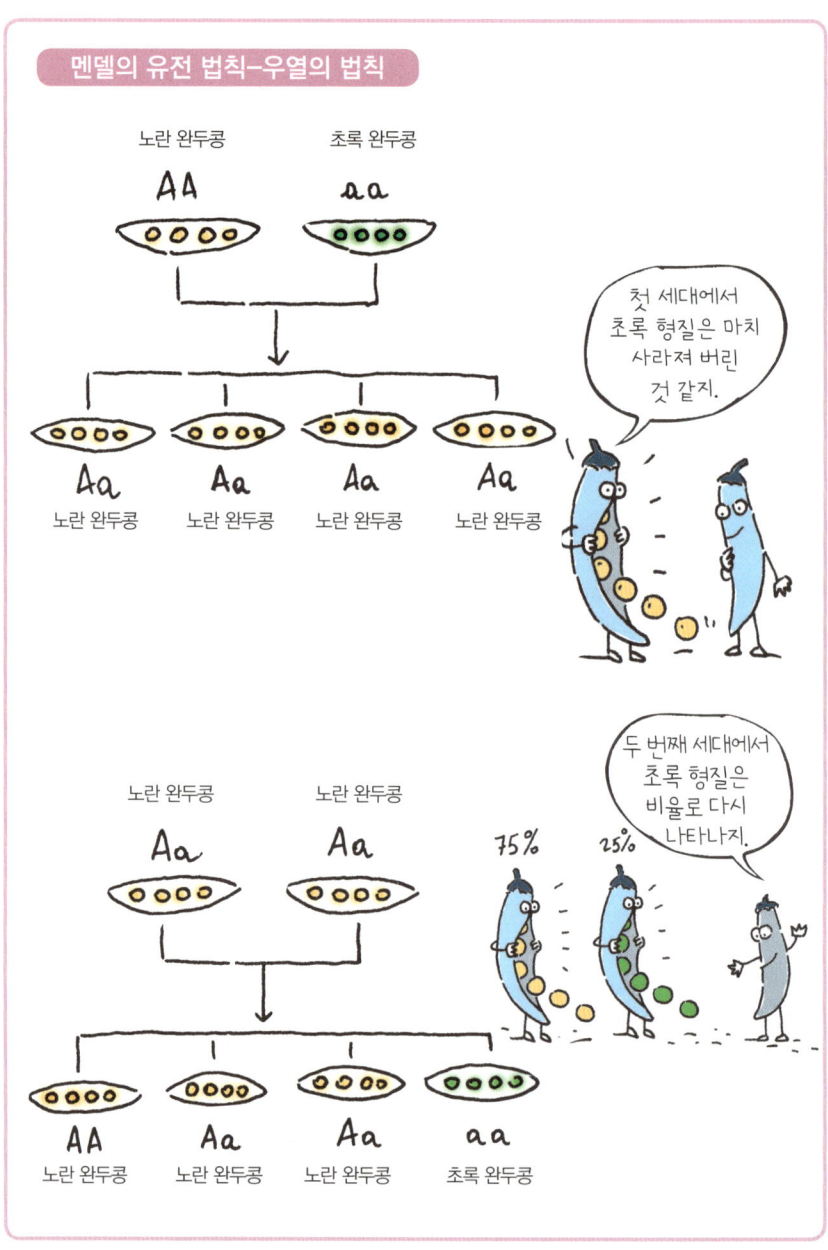

➜ 식물, 유전

명왕성 Pluto

해왕성 궤도를 통과하는 난쟁이 행성(왜행성)

공식 명칭은 134340 플루투(pluto)예요. 태양계의 아홉 번째 행성이자 마지막 행성으로 알려졌지만, 명왕성과 비슷한 타원 궤도를 도는 유사한 천체가 잇따라 발견되면서, 명왕성이 행성으로 적합한가에 관한 논란이 생겼어요.
결국 2006년 국제천문연맹(IAU)에 의해 명왕성은 행성이 아닌 왜행성으로 재분류됐어요.

명왕성

➜ **태양계, 행성**

모세 혈관 capillary vessel

온몸에 그물 모양으로 퍼져 있는 매우 가는 혈관

척추동물은 모세 혈관을 통해 온몸의 조직에 산소와 영양을 공급하고, 조직에서 발생한 이산화탄소와 노폐물 따위를 모아서 정맥을 거쳐 심장으로 되돌려 보내요.

모세 혈관의 지름은 0.008~0.01㎜로서 적혈구가 1줄로 겨우 통과할 수 있는 정도의 굵기예요. 모세 혈관의 벽은 한 층의 얇은 세포로 이루어져 있어, 영양 물질이나 체액이 자유롭게 출입할 수 있어요.

모세 혈관

➜ 심장, 척추동물

목본 식물 woody plant

줄기와 뿌리가 굵고 단단한 여러해살이 식물이나 나무

꽃이 피고 열매를 맺은 뒤에도 죽지 않고 여러 해 동안 계속 자라며 굵어지고 커지는 식물이에요. 쉽게 말하면 나무입니다. 큰키나무, 떨기나무, 늘푸른나무, 잎지는나무, 바늘잎나무, 넓은잎나무로 나눌 수 있어요. 줄기가 없어 나무가 아닌 풀은 초본 식물이라고 해요.

➜ 초본 식물

목성 Jupiter

태양과 다섯 번째로 가까운 행성

태양계 행성 중 가장 커요. 줄무늬가 뚜렷하게 보이고 대적점이라는 큰 소용돌이가 있어요. 주성분은 수소와 헬륨이고, 대기는 메탄가스와 암모니아로 이루어져 있지요.

목성

극반지름	66854km
적도반지름	71492km
질량	지구의 317.8배
밀도	1.33g/cm³
자전 주기	9시간 55분
공전 주기	11.9년

목성의 위성은 1610년에 갈릴레이가 처음 발견했는데, 위성의 수가 아주 많아.

우아! 지구는 위성이 달 하나밖에 없는데, 목성은 위성도 많구나!

➡ 수소, 행성, 헬륨

무게 weight

무거운 정도를 나타낸 값

무게는 지구가 물체를 당기는 힘의 크기입니다. 똑같은 물체라 해도 무게는 위치에 따라 달라집니다. 사람의 몸무게도 평지에서 측정한 무게가 높은 산에서 측정한 무게 값보다 더 크지요. 질량이 1kg인 물체의 무게를 1kgf이라 해요. 무게는 용수철저울로 달아요.

무게의 단위로는 kgf(kilogram-force, 킬로그램중), N(newton, 뉴턴), lbf(pound-force, 파운드중), dyne(다인) 등이 있어요. 질량은 어느 곳에서나 같지만 무게는 측정 장소에 따라 달라져요. 예를 들어 달에서의 무게는 지구에서의 무게의 $\frac{1}{6}$에 불과해요.

정확하게 말하면, 내 몸무게는 60킬로그램이 아니라 60킬로그램중이에요.

➜ 질량

무기물 inorganic compound

생명이 없는 물질로 탄소를 포함하지 않는 모든 화합물

물, 불, 흙, 공기 같은 것이 무기물이에요. 생명체를 이루는 것, 즉 태웠을 때 이산화탄소가 발생하는 물질을 유기물이라고 해요.

➜ 유기물

무척추동물 invertebrates

등뼈(척추)가 없는 동물

전체 동물 가운데 96%가 무척추동물이에요. 진화가 많이 되지 않아 하등동물이라고 하지요. 해면동물, 강장동물, 연체동물, 환형동물, 절지동물이 무척추동물이에요.

➜ 강장동물, 연체동물, 절지동물, 해면동물, 환형동물

물벼룩 water flea

민물에 사는 몸길이 1.2~2.5mm인 갑각류

물벼룩은 둥글고 작은데, 벼룩과 비슷하게 생겼어요. 몸뚱이가 투명해서 몸속이 잘 보이고, 녹색말을 먹고 살아요. 전 세계에 퍼져 있어요.

물벼룩의 내부 구조

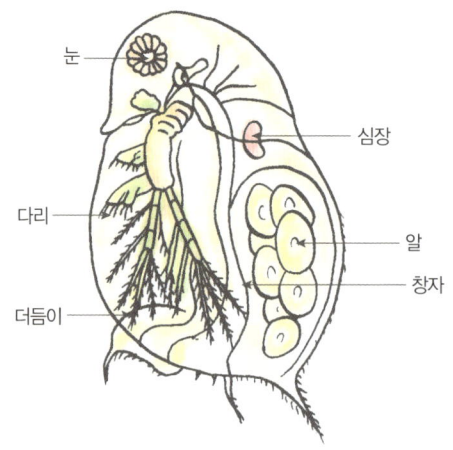

물벼룩

물질 matter, material

물체를 이루고 있는 것

물질을 쓰임에 맞게 모양을 바꾸어 만든 것은 물체라고 해요.

➜ 물체

물질의 네 가지 상태 four states of matter

고체, 액체, 기체, 플라즈마

고체(solid)는 분자들이 가지런히 배열해 있고, 떨림 운동만 해요. 일정한 모양을 가지고 있어요.

액체(liquid)는 분자들이 고체보다 조금 흩어져 있어서 떨림 운동과 도는 운동을 할 수 있어요. 일정한 모양이 없고 담긴 그릇의 모양에 따라 달라져요.

기체(gas)는 분자들이 따로따로 마음대로 움직일 수 있어요. 온도와 압력에 따라서 부피가 달라져요.

기체에 열을 더 가하면 플라즈마(plasma) 상태가 돼요. 우주의 99%는 플라즈마 상태에 있어요. 플라즈마는 물질을 구성하는 기본 입자인 원자가 원자핵과 전자로 분리되어 있어 자유로운 상태입니다. 번개와 오로라가 플라즈마 상태예요.

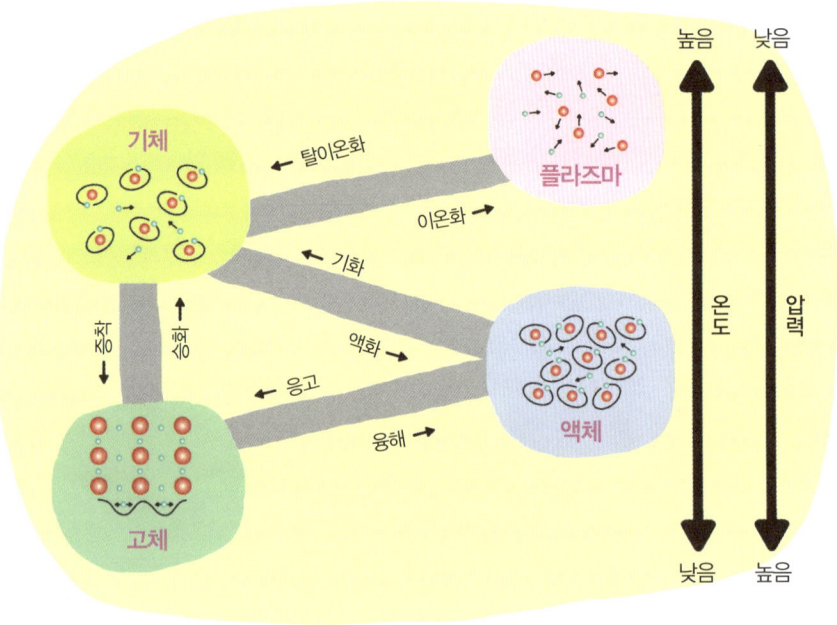

➜ 고체, 분자

미생물 microorganism

크기가 0.1mm보다 작은 생물

맨눈으로는 잘 볼 수 없고, 현미경으로 관찰되는 아주 작은 생물이에요. 세균, 효모, 바이러스 등이 미생물이지요.

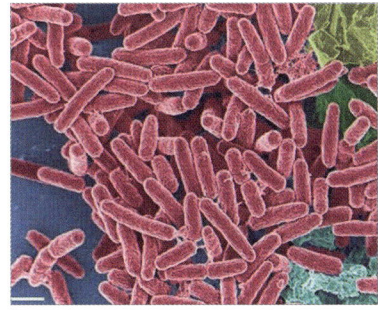

미생물

물속 미생물 – 반달말

➜ 세균, 효모

미세먼지 particulate matter

눈에 보이지 않을 정도로 입자가 작은 먼지

아황산가스, 질소 산화물, 납, 오존, 일산화탄소 등을 포함하는 대기 오염 물질로 자동차, 공장, 음식의 조리 과정 등에서 발생하여 대기 중에 장기간 떠다니는 입자예요. 지름이 10μm(마이크로미터) 이하의 미세한 먼지이며, PM10이라고도 써요. 입자가 2.5μm 이하인 경우는 PM2.5라고 쓰며 '초미세먼지'라고 불러요.

밀도 density

일정한 부피 안에 들어 있는 물질의 질량

크기가 같을 때 더 무거운 것을 밀도가 크다고 해요. 큰 나무가 물에 뜨는 것은 나무의 밀도가 물보다 작기 때문이에요. 간장은 물보다 밀도가 훨씬 크지요. 같은 크기의 납과 플라스틱 중 밀도가 큰 것은 납입니다. 밀도는 식으로 나타내면 다음과 같아요.

$$밀도 = \frac{질량}{부피}$$

➜ 부피, 질량

밀물 flood tide

바닷물이 육지로 밀려오는 현상

하루에 두 번씩 바닷물이 육지로 밀려와요. 밀물 때가 되면 갯벌이 사라지고, 썰물이 되면 다시 갯벌이 드러나요.

만조 – 밀물로 해수면이 가장 높은 때
간조 – 썰물로 해수면이 가장 낮은 때
조차 – 만조와 간조의 높이 차이
사리 – 조차가 가장 커질 때(그믐달, 보름달)
조금 – 조차가 가장 작을 때(상현달, 하현달)

밀물과 썰물은 왜 생기나요?

밀물과 썰물은 달과 태양이 지구를 잡아당기는 힘 때문에 생겨요. 이 힘으로 바닷물이 움직입니다. 달이 지구에 더 가까이 있어 태양보다 지구를 많이 잡아당겨요. 달을 향한 바닷물은 달이 끌어당기는 힘 때문에 밀물이 되고 반대편 지구의 바닷물은 원심력이 더 커 밀물이 돼요.

➔ 원심력, 태양

> 인생의 어떤 것도 두려움의 대상은 아니다. 이해해야 할 대상일 뿐이다.
> _ 마리 퀴리

바람 wind

공기의 움직임

공기는 기압이 높은 곳에서 낮은 곳으로 이동합니다. 물이 수압이 높은 곳에서 낮은 곳으로 이동하는 것과 같아요. 땅에서 위로 올라가는 공기의 흐름을 기류라 하고, 땅과 나란히 이동하는 것을 바람이라고 합니다. 바람이 불면 대기 중의 수증기와 열이 이동하기 때문에 날씨가 달라집니다.

바이메탈 bimetal

온도에 따라 늘어나는 성질이 다른 두 금속을 붙인 것

전기가 흐를 때에 생기는 열이 서로 달라서 휘어지는 정도가 달라지는 거예요. 보온밥통, 냉장고, 보일러, 다리미 같은 전기 제품에 일정한 온도를 유지하기 위한 스위치로 써요.

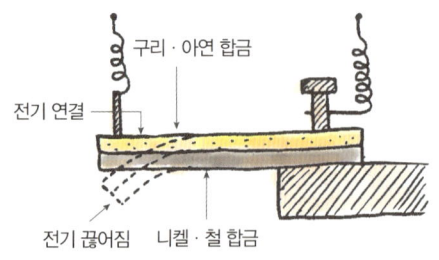

➔ 금속, 전기

바코드 barcode

검은 막대와 흰 막대로 여러 가지 정보를 기계가 읽을 수 있도록 나타내는 것

바코드란 무엇인가?

0.3mm의 검은 막대와 흰 막대 113개를 써서 생산 국가와 제조 회사, 상품의 종류를 나타냅니다.

ISBN 978-89-349-9090-1

국제 상품 코드 — 국가 코드 — 상품 코드 — 검증 코드
제조 회사 코드

이 책의 바코드예요. 뒤표지를 살펴보세요.

2차원 바코드(QR코드)

점자식 또는 모자이크식 코드로 조그마한 사각형 안에 정보를 표현하는 방법이에요. 1차원 바코드는 세로에 정보를 담을 수 없지만 2차원 바코드는 가로와 세로 양방향으로 다양한 형태의 정보를 담을 수 있지요. 스마트폰으로 손쉽게 인식하여 관련 기사나 상품을 검색할 수 있습니다.

반려암 gabbro

어두운 색이며 결정이 큰 화성암

전체적으로 어둡고 화강암처럼 결정이 커요.

반려암

➔ 암석, 화강암

반사 reflection

소리나 빛이 성질이 서로 다른 물질에 부딪혀 되돌아오는 현상

사람이 물체를 볼 수 있는 것은 물체가 빛을 반사하기 때문입니다. 매끄러운 면에서 빛이 고르게 반사되는 것을 정반사라 하고, 거친 면에서 빛이 여러 방향으로 반사되는 것을 난반사라고 해요.

반사의 법칙 law of reflection

빛이 물체의 표면에서 반사할 때 일어나는 일정한 규칙

입사각과 반사각은 항상 같습니다.

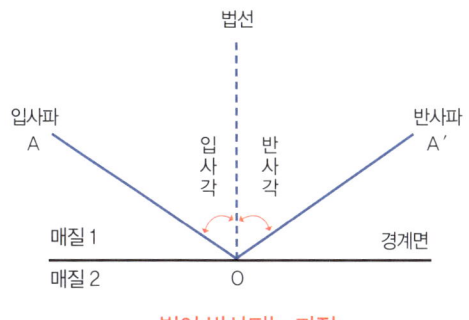

빛이 반사되는 과정

> 이처럼 입사각과 반사각은 법선과 이루는 각이므로 입사각과 반사각은 언제나 같다는 걸 명심해야 돼요!

입사각 : 두 물질의 경계면에 수직한 선과 파동이 들어가는 방향 사이의 각
반사각 : 파동이 반사하는 면에 수직한 선과 파동이 반사하는 방향 사이의 각

➔ 반사

발광다이오드 Light-emitting diode, LED

전류를 가하면 빛을 발하는 화합물 반도체

발광다이오드는 소비 전력이 전구의 $\frac{1}{8}$, 형광등의 $\frac{1}{2}$에 불과해요. 작은 광원이기 때문에 더 작고 더 얇고 더 가볍게 만들 수 있으며, 반영구적으로 사용할 수 있어요.

발열 반응 exothermic reaction

반응을 할 때 열을 내보내는 현상

종이나 나무가 탈 때 열이 나는 것이에요. 이렇게 열을 내보내는 발열 반응은 산과 알칼리가 만나 중화 반응을 할 때나 진한 산을 묽힐 때, 금속과 산이 반응할 때도 볼 수 있어요.

반면 주위의 열을 흡수하여 일어나는 화학 반응은 흡열 반응이라고 해요.

➜ 산, 흡열 반응

발화점 ignition point

물질을 가열할 때 불이 붙는 온도

석탄, 숯, 석유, 휘발유 같은 물질이 공기 속에 아무리 많아도 스스로 타지 않는 까닭은 발화점까지 온도가 높아지지 않았기 때문입니다. 휘발유가 석탄보다 쉽게 불이 붙는 것은 휘발유의 발화점이 더 낮기 때문입니다.

➜ 공기

배설 elimination

동물이 몸에 필요 없는 물질을 몸 밖으로 내보내는 일

동물은 호흡을 통해 얻은 산소와 음식물을 통해 얻은 영양분을 반응시켜 에너지를 얻어요. 이때 몸에 필요 없거나 해로운 노폐물이 생겨요. 몸에 해로운 것은 주로 오줌이나 땀에 섞어 몸 밖으로 내보내요. 이것을 배설이라고 해요. 반면에 소화관을 지나갈 때 흡수되지 않고 남은 음식 찌꺼기(대변)를 내보내는 것은 배출이라 해요.

➜ 호흡

버섯 mushroom

곰팡이 가운데 홀씨를 만드는 기관이 우산 모양으로 커진 것

산이나 들의 그늘진 땅이나 썩은 나무에 생겨요. 홀씨가 저절로 퍼져 번식하기도 하고 사람들이 배양해서 버섯을 키우기도 해요. 독이 없는 송이버섯, 표고버섯, 느타리버섯은 먹을 수 있지만, 무늬와 색깔이 화려한 독버섯은 먹으면 안 돼요.

버섯

➡ 곰팡이, 홀씨

번개 lightning

비구름 속에 있는 양전기와 음전기 사이에서 발생하는 불꽃 현상

여름철 적란운 속에는 수많은 물방울과 얼음 알갱이들이 있고, 또한 이들은 마찰을 일으켜 양전기(+전하)와 음전기(-전하)를 띠게 돼요. 이 양전기와 음전기 사이에서 불꽃이 일어날 수 있지요. 구름과 땅 사이에 치는 번개는 벼락이라고 해요.

윗부분은 산처럼 솟고, 아래는 비를 머금은 구름이 바로 적란운이에요.

➜ 구름

베이킹파우더 baking powder

탄산수소나트륨과 산성 물질을 섞어 만든 가루

베이킹파우더에 물을 넣으면 이산화탄소 기체가 나와요. 밀가루 반죽 속에서 이산화탄소가 나오면서 공기 방울을 만들고, 빵 반죽을 부풀게 만들어 부드러운 빵을 완성할 수 있어요.

➜ 이산화탄소

변성암 metamorphic rock

열과 압력을 받아서 변한 암석

암석이 지하 깊은 곳에서 높은 열과 압력을 받으면 암석을 이루는 광물 알갱이가 녹아 틈이 없어지고 줄무늬가 생겨요.

변성암의 종류

변성 전 → 변성 후
사암 → 규암
석회암 → 대리암
화강암 → 편마암

➜ 광물, 암석

별자리 constellation

주변에 있는 별을 동물이나 사람의 모양을 갖도록 연결한 것

수천 년 전에 바빌로니아 사람들은 밝은 별들을 연결시켜 동물 모양으로 만들었어요. 그리스 사람들은 신화에 나오는 인물이나 이야기에 맞추어 별자리를 만들었어요. 지구가 공전하기 때문에 계절에 따라 다른 별자리가 보여요.
봄에 볼 수 있는 별자리는 처녀자리, 사자자리, 목동자리, 여름에는 거문고자리, 독수리자리, 백조자리, 가을에는 물고기자리, 안드로메다자리, 페가수스자리, 겨울에는 큰개자리, 작은개자리, 오리온자리, 쌍둥이자리 등을 볼 수 있어요.

→ 공전, 동물

별자리판 planisphere

별자리를 찾을 수 있는 안내판

날짜와 시간을 맞추면 그날 그 시간의 별자리가 별자리판에 보여요.

별자리판 보기

❶ 별자리판의 눈금을 맞추세요. 관찰하려고 하는 날의 월, 일, 시각을 표시하는 눈금을 맞추는 것입니다.

❷ 별자리판의 방향을 맞추세요. 별자리판에는 동서남북이 써 있답니다.
별자리판의 남쪽과 내가 있는 곳에서 남쪽 방향이 같도록 맞춥니다.
남쪽 하늘을 바라보고 왼쪽이 동쪽이고 오른쪽이 서쪽, 등 뒤가 북쪽이 됩니다.

❸ 별자리판을 보고 찾고자 하는 별자리를 찾으세요.

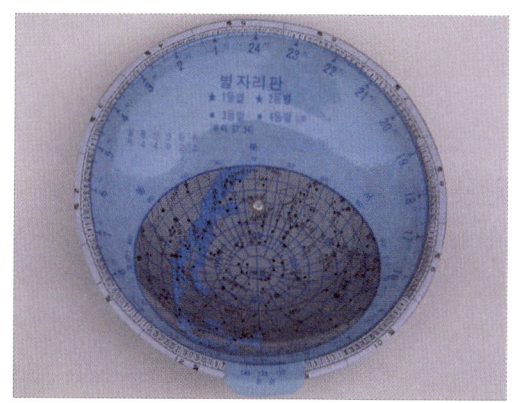

우리가 사는 북반구에서는 반대쪽인 남반구 하늘에 떠 있는 별자리는 볼 수 없어?

응, 남반구 별들은 지평선 아래에 있어서 우리 눈으로 볼 수 없어.

➜ 별자리

병렬연결 parallel connection

전지나 저항 따위를 나란히 같은 극끼리 연결한 것

가정의 전구와 전기 제품은 모두 병렬연결되어 있어요. 병렬연결의 장점은 전구 몇 개가 끊어져도 다른 전구들은 불이 들어오는 거예요. 같은 전지 두 개를 병렬연결하면 전압은 그대로이면서 더 오래 쓸 수 있고, 같은 저항 두 개를 병렬연결하면 저항의 크기가 절반으로 줄어요.

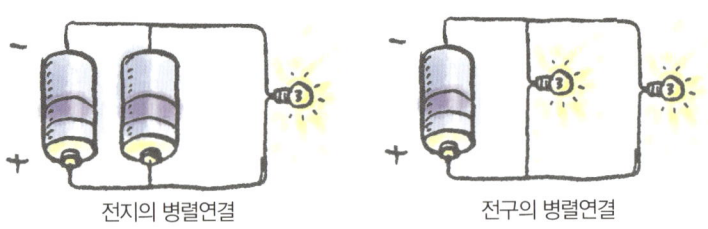

전지의 병렬연결   전구의 병렬연결

➜ 전기, 전지

보이저 탐사선 Voyager Spacecraft

태양계와 태양계 밖까지 탐사하도록 우주로 보낸 우주 탐사선

1977년 발사되었어요. 보이저 1호는 목성과 토성을, 보이저 2호는 목성, 토성, 천왕성, 해왕성 등을 탐사하기 위해 발사되었어요. 현재도 각 행성의 고리와 위성, 우주에 대한 정보를 전해 주고 있으며 보이저 2호는 태양계를 넘어 2019년 인터스텔라를 향해 순항 중이에요. 탐사선에는 지구의 정보(사진, 음악, 인사말, 아기 울음소리 등)가 든 골든디스크가 함께 실려 있어요. 2030년까지는 지구와 통신할 수 있을 것이라 추측하고 있습니다.

보이저 2호

➜ 태양계

복사 radiation

물체가 에너지를 밖으로 내보내는 현상

태양이 지구로 에너지를 보내는 방법입니다. 에너지가 가장 빨리 전달되는 방법이에요.

➜ 태양

복제 동물 clone animal

유성 생식이 아닌 무성 생식으로 생긴, 어미와 똑같은 유전 정보를 가지고 있는 동물

복제 동물은 만드는 방법에 따라 수정란 복제 동물과 체세포 복제 동물로 나눌 수 있어요. 수정란 복제 동물은 수정란의 세포 분열 초기에 만들어지는 배세포를 써서 만든 복제 동물이고, 체세포 복제 동물은 몸을 이루고 있는 체세포를 가지고 만든 복제 동물이에요. 체세포 복제 동물이 수정란 복제 동물보다 만들기 어려워요. 1996년 영국 로슬린 연구소에서 태어난 복제 양 돌리가 세계 최초의 체세포 복제 동물이에요. 체세포 복제 기술을 잘 쓰면 의약품이나 이식용 장기를 동물의 몸을 써서 만들 수 있어요. 그러나 살아 있는 생명체를 실험에 이용하는 문제는 윤리적인 측면에서 논란의 여지가 남아 있습니다.

복제 양 돌리

복제 양 돌리는 7년을 살았대요.

➜ 동물

볼록 거울 convex mirror

볼록한 면으로 빛을 반사하는 거울

볼록 거울에 비친 물체의 모습은 실제보다 늘 작게 보여요. 그러나 더 넓은 범위를 비춰 줄 수 있어 자동차의 옆거울이나 골목길을 비추는 커다란 거울로 쓰이지요.

도로의 반사경

➜ 반사

부도체 insulator

전기나 열을 잘 전달하지 않는 물체

고무나 플라스틱, 유리는 전기를 전달하지 않는 부도체예요. 열을 전달하지 않는 부도체로는 솜, 석회, 석면을 들 수 있어요. 전기를 전달하는 자유 전자가 부족한 물체를 절연체라고도 해요. 전기나 열을 잘 전달하는 물질은 도체라고 해요.

➜ 도체, 자유 전자, 전기

부력 buoyancy

액체나 기체 속에 잠긴 물체가 뜨려고 하는 힘

부력은 배나 풍선, 비행선, 잠수함을 뜨게 하는 힘이에요. 잠긴 부피가 많을수록 부력이 커요. 쇠로 만든 거대한 배가 물 위에 떠 있는 것은 부력이 중력보다 커서 그래요.

➜ 부피, 중력

부피 volume

물체가 차지하는 공간

솜은 부피가 커도 질량은 작아요. 부피가 크다고 꼭 질량이 많이 나가는 것은 아니에요.

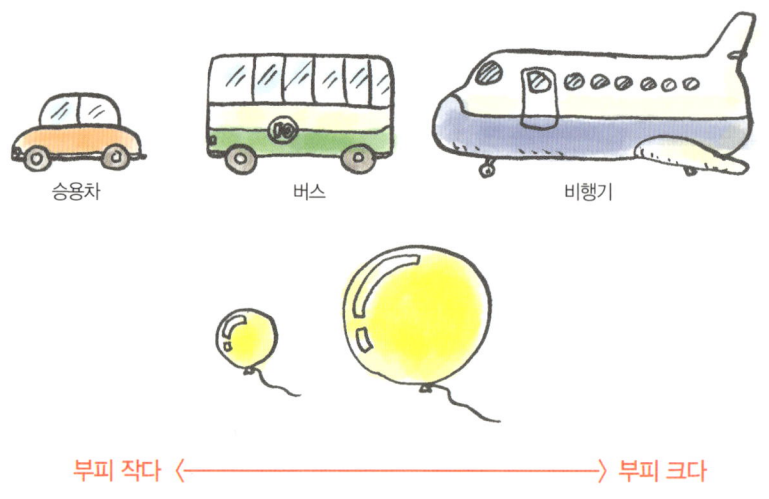

승용차 버스 비행기

부피 작다 ←——————————————→ 부피 크다

➜ 질량

북극성 Polaris

천구의 북쪽에 자리한 별

북극성은 고정된 별이 아니며, 현재의 북극성은 작은곰자리의 α별(알파성) 폴라리스(Polaris)예요. 순우리말로는 붙박이별이라고 불러요. 북두칠성이나 카시오페이아의 연장선에서 5배 지점에 위치하고 있어요. 북극성이 잘 알려진 이유는 밝기 때문이 아니라, 항상 같은 위치에서 거의 움직이지 않고 북쪽 방향을 가리키기 때문이에요.

분동 weights

양팔 저울이나 윗접시 저울로 물건의 질량을 잴 때, 한쪽 저울판 위에 올려놓는 금속 조각

금속 조각에는 서로 다른 질량이 적혀 있어요. 질량을 잴 때 기본으로 쓰지요.

분동

➜ 양팔 저울, 질량

분자 molecule

물질의 성질을 가지고 있는 가장 작은 단위의 입자

두 개 이상의 원자가 결합하여 자신만의 독특한 성질을 나타내는 것을 모두 분자라고 해요.

수소, 산소, 질소, 일산화탄소 – 2원자 분자
이산화탄소, 물 – 3원자 분자
기타 – 다원자 분자
원자들이 매우 많이 결합된 것 – 고분자 (단백질, 플라스틱, 나일론, 고무 등)

➜ 단백질, 물질, 원자, 이산화탄소, 질소

분해자 decomposer

생물의 죽은 몸이나 배출물의 유기물을 무기물로 분해하는 미생물

박테리아나 곰팡이가 분해자예요. 생산자, 소비자와 함께 생태계를 구성하는 생물 요소예요. 생물의 죽은 몸이나 배출물에 들어 있는 유기물은 박테리아나 곰팡이 같은 분해자가 무기물로 분해해요. 분해자는 흙 속이나 물속 바닥의 가라앉은 찌꺼기에 주로 살아요.

만약 분해자가 없다면 지구는 죽은 동물로 가득 찰 거예요. 흙 속에 거름이 부족해 식물이 잘 자라지 못할 것이고, 그렇게 되면 동물도 먹이가 부족하여 멸종할 거예요.

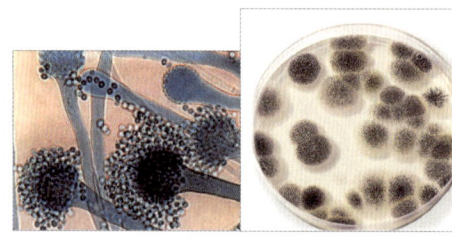

곰팡이

➜ 곰팡이, 무기물, 미생물, 생산자, 생태계, 세균, 소비자, 유기물

블랙홀 black hole

중력이 커서 빛조차 빠져나갈 수 없는 검은 천체

질량이 태양의 15배가 넘는 별은 마지막에 폭발해요. 그러면 겉부분은 날아가 버리고 남은 중심은 계속 수축해요. 그래서 작지만 질량이 매우 크고 중력도 아주 큰 천체가 되는데, 빛이 빠져나오지 못해 검은 구멍처럼 보이지요. 이것을 블랙홀이라 해요.

2019년 4월 10일, 대한민국에서 정태현 등 10명의 연구진의 참여한 EHT(사건지평선망원경 Event Horizon Telescope) 연구팀은 처녀자리 A 은하에서 인류 최초로 블랙홀의 사진을 찍어 공개했어요. 공개된 사진 중심의 검은 부분이 블랙홀과 블랙홀의 그림자이고, 주변에는 블랙홀의 중력에 의해 휘어진 빛이 고리 모양으로 보여요. 고리 아래쪽이 더 밝게 관측된 것은 이 부분이 지구를 향하고 있기 때문이에요. 이 블랙홀의 지름은 160억km이며, 질량은 태양의 65억 배에 달합니다.

➜ 중력, 질량, 천체

비 rain

대기 중의 수증기가 물방울이 되어 땅에 떨어지는 현상

공기 속의 수증기가 응결되어 구름 알갱이가 돼요. 열대 지방에서는 이것이 충돌하고 합쳐지면서 커다란 빗방울이 됩니다. 반면에 온대나 한대 지방에서는 얼음 알갱이에 수증기가 붙어 땅으로 내리면서 녹아 빗방울이 되지요. 빗방울의 크기는 지름이 0.2mm가 넘어요.

빗방울의 모양은 왜 넓적한가요?
빗방울은 떨어지면서 아래쪽에서 공기의 저항을 받아요. 밑면이 납작해져 찐빵 모양이 되어 떨어진답니다.

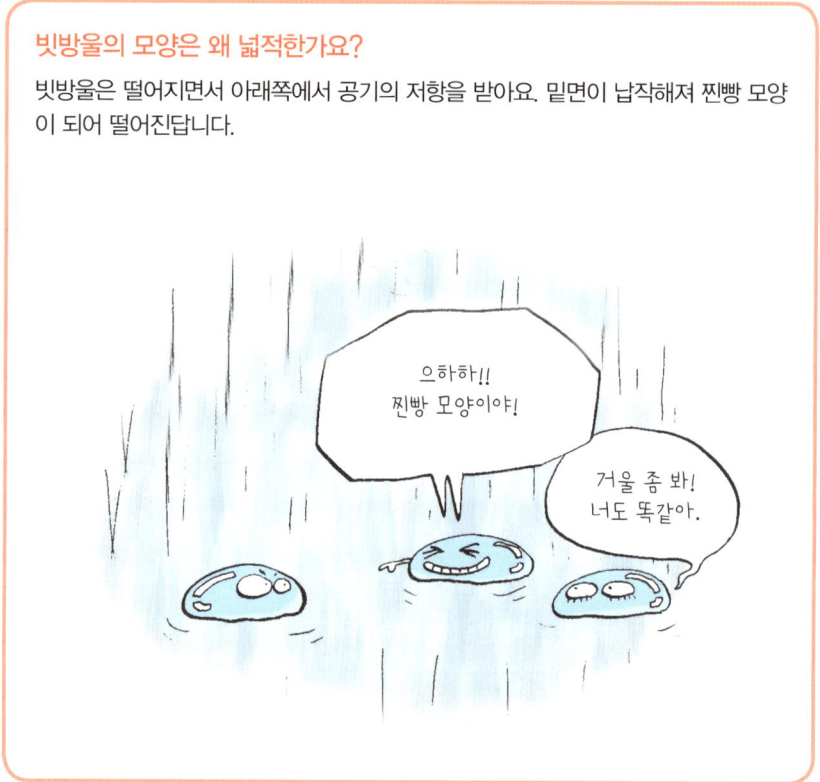

➜ 공기, 대기, 수증기

비열 specific heat

물질 1g의 온도를 1℃ 높이는 데 필요한 열량

물과 식용유를 뜨겁게 한다면 식용유가 더 빨리 뜨거워져요. 왜냐하면 비열이 작은 물질일수록 온도가 더 빨리 올라가거든요. 물의 비열은 1cal/g℃이고, 식용유의 비열은 0.75cal/g℃예요.

➜ 물질, 열량

비중 specific gravity

순수한 물이 4℃일 때의 값과 비교해 다른 물질의 중량을 나타낸 값

비중을 측정하는 데 기준이 되는 물질은 고체와 액체의 경우 1기압, 4℃에서의 물이 이용되고, 기체의 경우에는 1기압, 0℃에서의 공기가 이용돼요. 순수한 물의 비중은 4℃일 때 1.0이에요. 이 값을 기준으로 다른 물질의 비중을 재요. 비중은 우리가 흔히 알고 있는 밀도와 값이 거의 비슷해요. 다만, 밀도는 단위가 있지만(g/cm³), 비중은 물과 비교해 나타낸 값이므로 단위가 없습니다.

물의 비중이 1일 때, 철의 비중은 7.87, 금은 19.3, 우리가 음식에 쓰는 소금은 2.17이에요.

➜ 밀도

빅뱅 big Bang

우주가 태어날 때 일어난 대폭발

1917년 아인슈타인이 '우주는 팽창하지도, 수축하지도 않는다.'라는 정적 우주론을 발표한 뒤, 1929년 에드윈 허블은 은하들의 적색이동을 통해 멀리 떨어진 은하일수록 더 빠르게 멀어진다는 사실을 밝혔어요. 허블은 팽창의 중심이 없다고 말했지요. 1948년 조지 가모프는 필름을 돌리듯 시간을 거슬러 가면 우주가 처음에는 한 점에 모이게 된다는 이론을 기초로 빅뱅 초기의 모습을 논문으로 발표했어요. 우주가 매우 높은 온도와 밀도 상태에서 갑자기 팽창해 만들어졌다고 '대폭발'이라고 해요. 빅뱅이 일어난 뒤 우주의 온도는 1초 뒤 1백억℃, 3분 뒤 10억℃, 1백만 년이 됐을 때는 3천℃로 식었다고 해요. 지금 우주의 온도는 약 영하 270℃라고 합니다.

➔ 밀도

뿌리 root

땅속으로 뻗어 줄기를 떠받치고, 물이나 양분을 빨아올리는 기관

쌍떡잎식물과 겉씨식물의 뿌리는 곧은뿌리예요. 원뿌리가 있고 여기에서 많은 곁뿌리가 갈라져 있지요. 외떡잎식물의 뿌리는 많은 잔뿌리가 돋아서 된 수염뿌리예요. 고구마, 당근, 무는 그것 자체가 양분을 저장하는 뿌리입니다. 이를 '저장근'이라고 해요.

원뿌리와 곁뿌리

수염뿌리

➜ 겉씨식물, 쌍떡잎식물, 외떡잎식물

나는 노벨처럼 생각하는 사람이다. 인간은 새로운 발견을 통해 악보다는 선을 더 얻을 수 있다.
_ 마리 퀴리

사물인터넷 Internet of Thing(IoT)

각종 사물에 센서와 통신 기능을 내장하여 인터넷에 연결하는 기술

인터넷으로 연결된 사물들이 데이터를 주고받아 스스로 분석하고 학습한 정보를 사용자에게 제공하거나 사용자가 이를 원격 조정할 수 있는 인공지능 기술이에요. 가전제품, 모바일 장비, 웨어러블 디바이스 등 사물인터넷에 연결되는 사물은 자신을 구별할 수 있는 유일한 아이피를 가지고 인터넷으로 연결되어야 하며, 외부 환경으로부터 데이터를 취득하기 위해 센서를 내장할 수 있어야 해요. 예를 들어 센터에 연결된 클라우드 시스템에서 자동차 사고라는 판단을 내리면, 근처 고객센터와 병원에 즉시 사고 수습 차량과 구급차를 보내라는 명령을 전송하고, 보험사에도 자동으로 통보합니다.

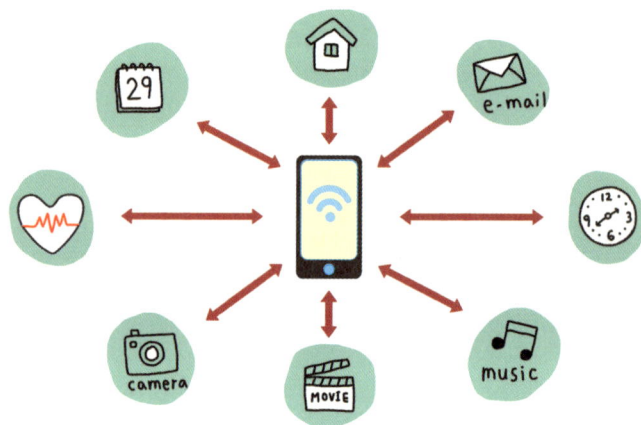

사암 sandstone

모래가 쌓여 굳은 암석

계곡, 강, 바닷가, 사막에서는 모래가 퇴적 작용을 받아서 형성된 사암을 흔히 볼 수 있어요. 불에 잘 타지 않고 자르기 쉬워서 장식 재료로 많이 쓰입니다.

사암

➜ 퇴적 작용

산 acid

물에 녹아 수소 이온(H^+)을 낼 수 있는 물질

산을 영어로는 acid라 하는데 이는 시큼하다는 뜻의 라틴어 'acidus'에서 왔어요. 강한 산과 약한 산을 구분하는 방법은 산을 물에 녹인 수용액에 전류를 흘려보면 돼요. 강한 산은 전류가 세게 흐르고 약한 산은 약하게 흘러요. 염산, 질산, 황산이 강한 산이고, 아세트산을 발효시킨 식초는 약한 산이에요.
이러한 산이 나타내는 성질(산성)은 금속과 반응을 잘 하는데, 이때 수소 기체가 나와요. 산을 확인할 때에는 지시약을 써요. 산은 푸른색 리트머스를 붉은색으로 바꿉니다.

➜ 수소, 염산, 이온, 지시약, 황산

산성비 acid rain

황의 산화물이나 질소 산화물이 녹아 있는 비

산성비는 가정이나 공장, 그리고 화력 발전소 등에서 화석 연료를 태울 때 생기는 이산화황과 자동차의 배기가스에 섞여 있는 질소 산화물이 대기 중에 있을 때, 내리는 비에 녹아서 내려요. 산성비는 철이나 대리석을 녹이고, 동물과 식물 모두에게 피해를 줍니다.

산성비 때문에 나무가 시들어 가는 모습이에요.

➜ 화력 발전소, 화석

산소 oxygen

냄새와 색깔, 맛이 없으며, 생명체가 호흡 작용을 할 때 필요한 기체

물질이 잘 타도록 도와주는 기체예요. 액체 산소는 푸르스름하고, 자석에 끌리기도 해요. 공기 중에 21%쯤 들어 있고, 동물이나 식물이 숨 쉬며 살아가는 데 꼭 필요한 기체입니다. 녹색 식물이 광합성을 해서 만들어요.

산소가 지구 대기에 나타난 것은 고원생대로 세균 및 고세균의 물질대사 과정에서 나왔어요. 이 때 산소를 이용하는 생물이 등장하게 되었고, 오존층을 형성하여 육상생물이 등장했지요. 산소의 $\frac{3}{4}$은 바다의 식물성 플랑크톤이, 나머지는 육상 식물이 만들어요.

화학식	O_2
원소 기호	O
원자 번호	8
원자량	15.99
녹는점	−218.4℃
끓는점	−182.96℃
밀도	1.15

나도 산소가 필요하다고!

➜ 광합성, 동물, 물질

산화 oxidation

어떤 물질이 산소와 결합하는 것

결합하고 있던 수소를 잃거나, 전자를 잃는 것도 산화라고 해요. 예를 들어 붉은 구리선을 불꽃의 바깥쪽에 대고 뜨겁게 하면 까만 산화구리가 돼요.
산화와 환원은 동시에 일어나요. 전자를 잃은 쪽은 산화수가 증가하여 산화되며, 전자를 얻은 쪽은 산화수가 줄어들어 환원돼요. 이 때 잃은 전자 수와 얻은 전자 수는 항상 같아요.

➜ 수소, 전자

생명 공학 biotechnology

생물의 기능을 인간 생활을 위해 쓰는 기술

오늘날 생명 공학은 빠르게 발전하고 있고 그 범위도 넓어지고 있어요. 유전자를 인간 생활에 이롭게 하려고 유전자를 조합하는 유전 공학, 서로 다른 세포를 섞거나 한 세포에서 핵을 빼내어 다른 세포에 넣는 세포 공학도 생명 공학이에요.
생명 공학 분야에서는 여러 가지 생물을 이용해 새로운 농산물, 원예 작물, 의약품, 식품을 만들고 있어요. 복제 양 돌리의 탄생이나 인간의 배아 복제는 생명 공학이 발달해야만 할 수 있는 일이에요. 생명 공학은 21세기 첨단 기술로 주목받고 있지만 환경에 미치는 영향과 윤리 문제 때문에 논란을 일으키기도 해요.

오이 맛이 나는 고추를 먹어 본 적 있나요? '오이고추'는 생명 공학으로 만들어진 거예요.

➜ 세포, 유전자

생물 분류 biological classification

일정한 기준에 따라서 생물의 종류를 나누는 것

생물 분류의 가장 작은 단위는 '종'이에요. 종을 묶은 것이 '속'이고 속을 묶은 것은 '과'예요. 과를 묶은 것은 '목', 목을 묶은 것은 '강', 강을 묶은 것은 '문', 문을 묶은 것은 '계'이지요. 예를 들어 사람은 '사람(종)→사람(속)→사람(과)→영장(목)→포유(강)→척추동물(문)→동물(계)'순으로 분류할 수 있지요. 생물을 분류할 때 쓰는 학명은 모든 나라에서 공통으로 쓰는 이름이에요.

린네(1707~1778)

린네는 스웨덴 식물학자예요. 원래 이름은 카롤루스 린네우스라고 해요. 생물을 분류할 때 모든 나라에서 공통으로 쓰고 있는 '이명법'이라고 하는 학명의 기초를 만든 사람이랍니다.

➔ 동물, 척추동물

생산자

자연계에서 무기물로부터 유기물을 만들어 내는 생물

분해자, 소비자와 함께 생태계를 구성하는 생물 요소예요. 생산자는 대부분 광합성을 하는 녹색 식물이에요. 호수나 늪, 못에도 화학 합성을 하는 생물이 많은데, 이들도 생산자로서 큰 몫을 담당하고 있어요.

➜ 무기물, 분해자, 소비자, 유기물

생식 세포 gamete

자손을 만드는 세포

동물의 생식 세포는 정자와 난자예요. 정자는 수컷의 생식 세포고, 난자는 암컷의 생식 세포지요. 동물이나 식물의 몸을 이루는 체세포와는 달라요. 꽃가루나 밑씨 속의 알세포는 식물의 생식 세포입니다.

➜ 난자, 동물, 세포, 식물, 정자, 체세포

생태계 ecosystem

생물과 그것을 둘러싸고 있는 환경

생태계는 생물 요소와 비생물 요소로 이루어져 있어요. 생물 요소는 생산자, 소비자, 분해자예요. 빛, 물, 공기, 흙 같은 것은 비생물 요소지요.

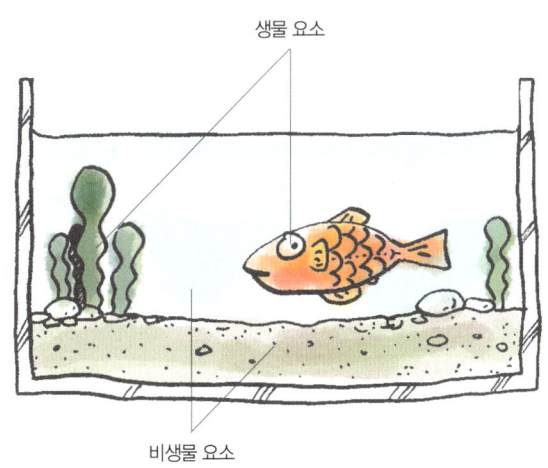

➜ 분해자, 생산자, 소비자

생태계 평형 ecosystem equilibrium

어떤 지역에서 생물의 종류와 수가 일정하게 유지되는 것

생태계를 이루고 있는 생물의 종류와 수는 먹고 먹히는 관계 속에서 유지되고 있어요. 가뭄이나 홍수, 화산 폭발, 산불 같은 자연 재해가 일어나면 이 평형이 깨집니다. 오늘날에는 사람들이 도로 공사를 벌이거나, 나무를 다 베어 가거나, 공장에서 폐수를 흘려보내거나, 자동차 배기가스를 뿜어내서 생태계 평형을 깨뜨리고 있습니다.

샤를의 법칙 Charles's law

프랑스의 과학자 샤를은 압력이 일정할 때 기체의 부피는 종류에 관계없이 온도가 1℃ 올라갈 때마다 0℃일 때 부피의 $\frac{1}{273}$ 씩 증가한다는 것을 밝혀냈어요. 한편, 영국의 물리학자 켈빈은 기체의 부피가 0이 되는 온도는 섭씨 영하 273도(-273℃)이고, 절대온도 0도(0K)라고 정의했습니다.

서리 frost

수증기가 땅이나 물체에 닿아 얼어 버린 것

수증기가 물방울로 맺힌 것을 이슬이라 하고, 얼음으로 얼어 버린 것을 서리라고 해요. 겨울철 밤에 서리가 내리는 것은 공기 중의 수증기가 바로 얼어 버리는 승화 현상 때문이에요.

➔ 수증기, 승화

석회 동굴 limestone cave

지하수가 땅속의 석회암을 녹여서 만든 동굴

석회암은 이산화탄소가 물에 녹아 만들어진 산성 용액에 잘 녹아요. 오랫동안 약한 산성의 지하수가 흘러가면서 커다란 동굴을 만들어요. 우리나라에는 단양 고수 동굴, 영월 고씨 동굴, 태백 용연 동굴이 석회 동굴입니다.

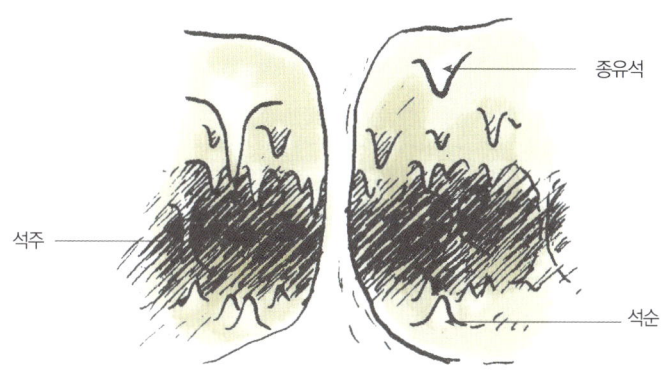

단양 고수 동굴

태백 용연 동굴

➜ 이산화탄소, 석회암

석회수 lime water

수산화칼슘을 물에 녹여 만든 포화 수용액

100mL의 물에는 석회(수산화칼슘)가 0.15g쯤 녹아요. 그 수용액은 색이 없고 투명하며, 염기성 용액이에요. 이산화탄소를 석회수에 넣으면 물에 녹지 않는 하얀 탄산칼슘이 생겨서 뿌옇게 흐려져요. 그래서 물속에 이산화탄소가 있나 없나 확인하는 데에 석회수를 이용합니다.

➜ 수용액, 이산화탄소

석회암 Limestone

탄산칼슘($CaCO_3$)으로 이루어진 퇴적암

바닷속에 녹아 있던 탄산칼슘이 가라앉아 생긴 거예요. 탄산칼슘이 들어 있는 조개껍데기나 새우의 껍질이 쌓여서 생기기도 해요.

석회암

성단 star cluster

별이 모여 있는 집단

산개 성단은 젊은 별이 많고, 구상 성단은 늙은 별이 많이 모여 있어요. 황소자리에서 보이는 산개 성단은 우리말로 좀생이별이라고 해요.

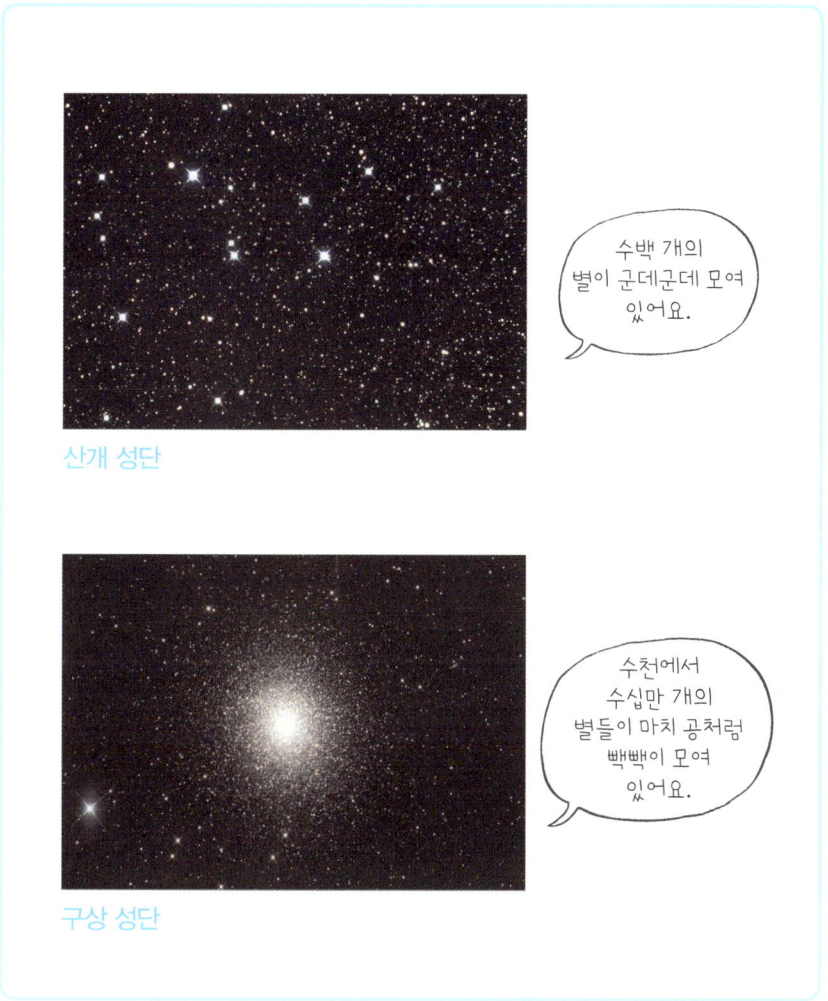

산개 성단

수백 개의 별이 군데군데 모여 있어요.

구상 성단

수천에서 수십만 개의 별들이 마치 공처럼 빽빽이 모여 있어요.

성운 nebula

별과 별 사이 가스와 티끌이 모여 있는 덩어리

우주 공간에는 가스와 티끌이 구름처럼 모여 있어요. 밝게 보이는 것도 있고 어두워 보이는 것도 있어요.

성운의 종류

발광 성운(오리온)
가스와 티끌이 별에 의해 가열되어 밝게 빛을 내요.

반사 성운
옆의 별이 내는 빛을 반사시켜 밝게 보여요.

암흑 성운
뒤에서 오는 밝은 별빛 또는 성운의 빛을 앞의 가스와 티끌이 가려 어둡게 보여요.

발광 성운 (오리온 성운)

반사 성운 (플레이아데스 성운)

암흑 성운 (말머리 성운)

➜ 구름

세균 bacteria

핵막이 없어 핵이 잘 구별되지 않고, 하나의 세포로 이루어진 원핵생물

크기가 0.001~0.005㎜ 정도예요. 땅속, 물속, 공기 속, 사람의 몸속 어디에나 있지요. 사람에게 이로운 세균과 해를 끼치는 세균이 있어요. 이로운 세균은 식품을 만들거나 약을 만들 때 써요. 요구르트를 만들 때 쓰는 유산균은 몸에 이로운 세균이에요. 해로운 세균은 여러 가지 병을 일으키는 세균으로, 파상풍균ㆍ콜레라균ㆍ디프테리아균ㆍ결핵균 따위가 있어요. 세균은 '작은 막대기'라는 뜻의 고대 그리스어 '박테리온'에서 비롯되어 '박테리아'라고도 해요.

바이러스는 생물일까 아닐까?

바이러스는 크기가 0.000001~0.00002mm 정도로 세균보다 더 작아요. 그래서 전자현미경으로만 볼 수 있어요. 바이러스는 다른 생물과 달리 작은 세포 기관도 없고 스스로 에너지를 만들 수도 없어 생물로 보기 어려워요. 그런데 살아 있는 세균이나 세포 속에서 자신과 똑같은 바이러스를 만들기 때문에 생물로 보기도 해요. 감기나 천연두, 수두, 에이즈는 모두 바이러스 때문에 생기는 병이에요.

➔ 세포

세포 cell

생물을 이루는 가장 작은 단위

세포는 얇은 껍질로 싸여 있어요. 이 껍질을 세포막이라고 하는데, 단순히 세포를 싸고 있는 것이 아니라 양분을 받아들이고 찌꺼기를 내보내는 일도 해요. 세포 속은 세포질이라는 액체로 채워져 있고, 이 액체 안에 작은 세포 기관이 있어요. 핵은 세포의 가장 안쪽에 있는데, 세포의 생명 활동을 조절하는 중요한 일을 해요. 세포를 뜻하는 영어 단어 'cell'은 '작은 방'이라는 뜻의 라틴어 '켈라(cella)'에서 유래했어요.

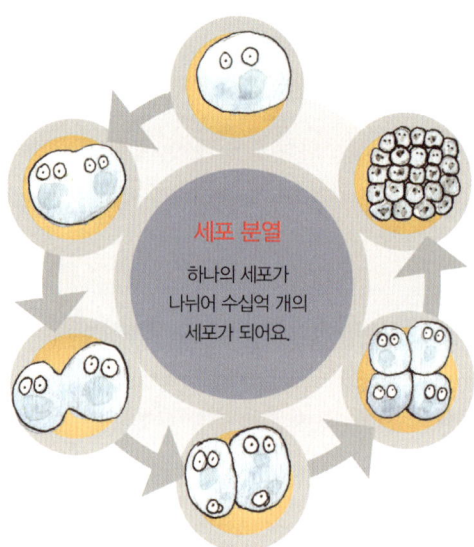

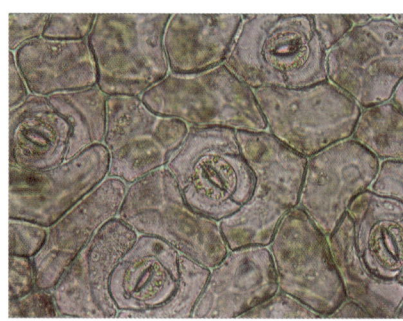

식물의 잎 표피 세포

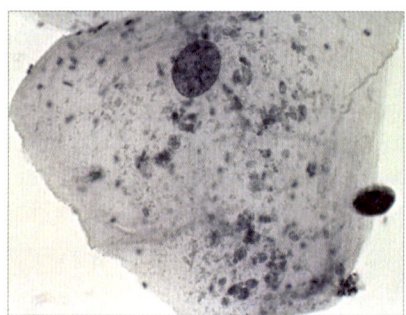

사람의 입안 상피 세포

식물 세포와 동물 세포는 어떤 차이점이 있나요?

식물 세포에는 세포벽과 엽록체가 있으나 동물 세포에는 없어요. 액포의 크기도 식물 세포가 훨씬 커요. 식물 세포의 액포는 세포 활동의 결과로 생긴 노폐물을 보관하는 곳이에요. 그래서 오래된 식물 세포일수록 액포가 커요.

식물 세포의 구조

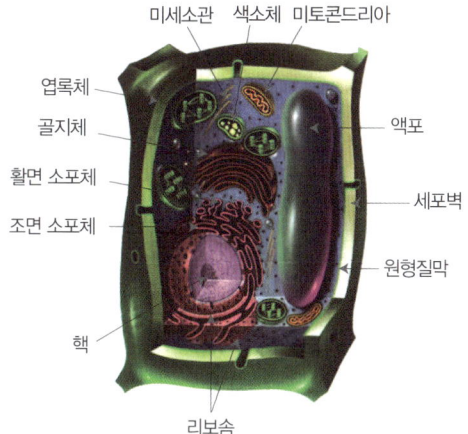

동물 세포의 구조

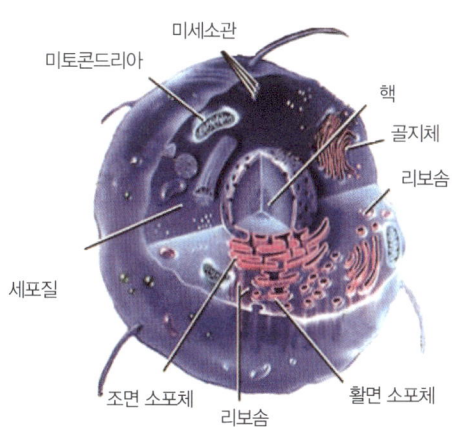

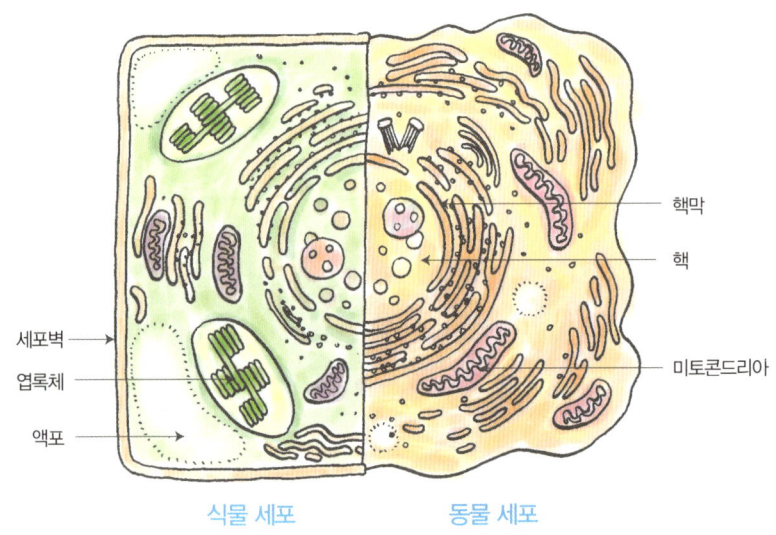

식물 세포   동물 세포

➜ 동물, 식물

소리 Sound

어떤 물질이 떨리고 그 떨림이 다른 물질을 타고 퍼져 나가는 현상

사람이 소리를 들을 수 있는 것은 공기가 진동하여 주파수(진동수)를 가지기 때문이에요. 사람이 들을 수 있는 주파수는 약 20Hz~20480Hz(20.48 KHz) 이내이며 나이가 들면서 최대 가청 주파수는 낮아져요.

소리를 발생시키려면 진동을 만들어야 하고, 매질을 통해 진동을 전달해야 소리가 들려요. 진공 상태에서는 소리가 들리지 않지요. 소리는 공기 중에서는 약 340m/s의 속도로 움직이며, 기체보다는 액체, 액체보다는 고체에서 더 빠르게 움직여요.

'낮말은 새가 듣고 밤말은 쥐가 듣는다'는 말이 있는데, 소리가 온도에 따라 낮에는 위로 퍼져 새가 듣고, 밤에는 아래로 퍼져 바닥에 있는 쥐가 듣는다는 과학적인 속담입니다.

소비자 consumer

생태계를 구성하는 생물 가운데 스스로 양분을 만들지 못하는 생물

생산자, 분해자와 함께 생태계를 구성하는 생물 요소예요. 소비자는 생산자를 먹고 살아요. 식물이 생산자이고 동물은 소비자이지요. 식물을 먹는 초식 동물은 1차 소비자라 하고, 초식 동물을 먹는 동물은 2차 소비자라 해요. 2차 소비자를 먹는 동물은 3차 소비자, 3차 소비자를 먹는 동물은 4차 소비자라고 하지요.

➜ 분해자, 생산자

소장 small intestine

위와 대장(큰창자) 사이에 있는 길이 6~7m에 이르는 소화 기관

소장은 위 속에서 죽처럼 된 음식물을 소화액을 내보내 소화시켜요. 이렇게 소화된 양분은 소장 벽에 있는 융털로 흡수돼요. 융털은 소장 안쪽 면에 있는데 양분의 흡수 면적을 넓혀 주어요. '작은 창자'라고도 해요.

소장은 탄수화물, 지방, 단백질을 모두 소화하고 흡수하는 중요한 기관이에요.

➜ 소화 기관, 대장

소행성 Asteroid

화성과 목성 사이에 있는, 행성이 되지 못한 암석 덩어리

소행성은 대부분 반지름이 50㎞가 안 돼요. 우리나라 사람이 발견한 소행성에는 우리 과학자의 이름을 붙였어요. 최무선, 이천, 장영실, 이순지, 허준, 홍대용, 김정호, 이원철, 유방택 소행성이 있습니다. 만약 여러분이 소행성을 발견한다면 마음대로 이름을 붙일 수 있어요. 단, 지금까지 없던 이름이어야 해요. 6월 30일은 국제 소행성의 날이에요. 소행성과 혜성이 지구와 충돌하면서 생명의 구성 요소인 물과 탄소 기반 물질을 지구에 전해 주었다는 것이 지구 생명체 탄생 기원설로 흔히 받아들여지고 있어요. 소행성의 파편인 운석에는 단백질의 기본 요소인 아미노산 같은 유기 화합물이 풍부하지요.

소행성

➜ 목성, 화성, 행성

소화 기관 digestion

동물이 섭취한 영양소를 소화, 흡수하는 몸속 기관

사람의 소화 기관에는 입, 식도, 위, 십이지장, 소장(작은창자), 대장(큰창자), 이자, 쓸개, 간 등이 있어요. 음식물은 '입 → 식도 → 위 → 십이지장 → 소장 → 대장' 순으로 지나가요. 잘게 부서진 영양소는 소장에서 흡수되고 일부는 간에서 양분으로 저장되며 나머지는 혈액을 통해 온몸으로 운반되어 몸의 각 부분에 전달됩니다. 대장에서는 주로 물을 흡수해요. 침샘, 간, 쓸개, 이자 등은 소화액을 분비하고 저장하여 소화를 돕습니다.

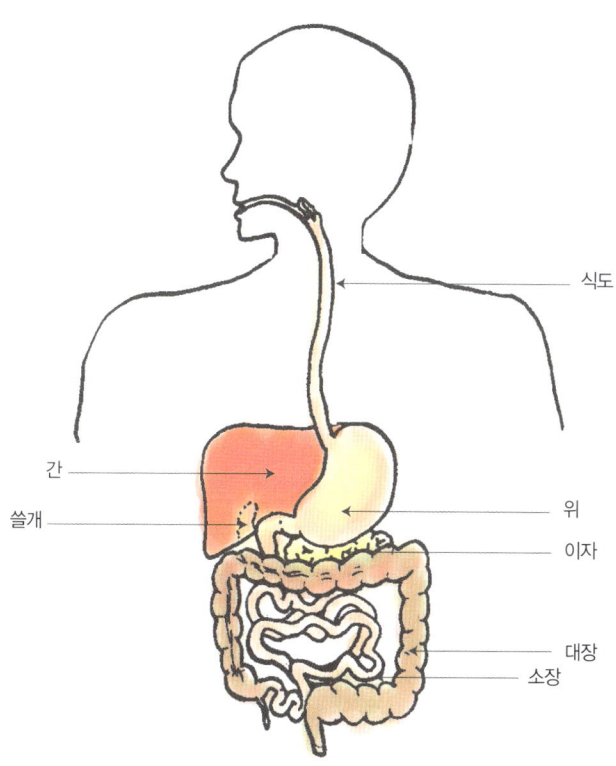

사람의 소화 기관

➔ 단백질, 효소

속도 측정기 speed gun

움직이는 물체의 빠르기를 재는 기구

속도를 측정하는 기구로 총 모양을 닮아서 스피드건이라고도 해요. 투수가 던진 공의 속도나 달리는 자동차의 속도를 재요. 물체를 향해 쏜 초음파의 진동수와 물체에서 반사된 초음파의 진동수 차이를 재서 속도를 구해요. '도플러 효과'로 속도를 재는 거예요.

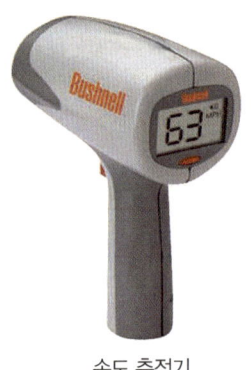

속도 측정기

'도플러 효과'가 뭐예요?

움직이는 물체에 초음파 따위를 쏘면 물체에 반사되어 되돌아오는 초음파의 진동수가 물체의 속도에 따라 달라지는데, 이것을 도플러 효과라고 하지요.
도플러 효과에 따르면 물체가 다가오는 속력이 빠를수록 진동수가 커지고, 멀어지는 속력이 클수록 진동수가 작아져요. 물체를 향해 쏜 초음파 진동수와 물체에서 반사된 초음파 진동수의 차이를 구하면 물체의 속력을 구할 수 있어요. 구급차가 다가올 때 나는 사이렌 소리가 멀어질 때의 사이렌 소리보다 더 높게 들리는 것은 도플러 효과 때문이에요.

➔ 물체, 반사, 진동수, 초음파

속력 speed

일정한 시간 동안 움직인 거리

빠르기라고 해요. 속력의 단위로 초속(m/s), 시속(km/h)을 써요. 속력은 빠르기만 나타내고, 속도는 빠르기와 방향을 모두 나타내요.

속씨식물 angiosperms

밑씨가 씨방 속에 들어 있는 식물

꽃이 피는 식물은 대부분 속씨식물이에요. 쌍떡잎식물과 외떡잎식물 두 무리로 나뉘어요. 속씨식물의 꽃가루를 바람이나 곤충이 암술머리에 붙여 주면 꽃가루관이 만들어져 밑씨 쪽으로 뻗으며 자라요. 이렇게 밑씨가 씨방 속에 들어가 있어서 속씨식물이라고 해요. 감나무·버드나무·벚나무·밤나무·진달래·국화·벼·난초·백합 따위가 속씨식물이에요.

➜ 꽃식물

수분 pollination

꽃가루가 암술머리에 붙는 일

꽃가루받이, 또는 가루받이라고도 해요. 꽃가루를 벌레가 옮겨 주면 충매화, 새가 옮겨 주면 조매화, 바람이 옮겨 주면 풍매화, 물이 옮겨 주면 수매화라고 해요.

수성 Mecury

태양에서 가장 가까운 행성

대기가 없어 표면에 운석 구덩이가 많고 낮과 밤의 온도 차가 커요.

수성

반지름	2439km
질량	지구의 $\frac{1}{8}$
밀도	5.43g/cm³
자전 주기	59일
공전 주기	약 88일
표면 온도	−170~430℃

➔ 대기, 태양, 행성

수소 Hydrogen

가장 가벼운 기체

냄새와 색깔, 맛이 없으며 잘 타는 성질을 가지고 있어요. 수소는 공기보다 가볍기 때문에 비행선을 띄우는 재료로 사용되었어요. 그러나 1937년 연료 탱크에서 누출된 수소 가스가 폭발하여 발생한 힌덴부르크호 사건 이후로, 지금은 많은 나라에서 풍선이나 비행선에 수소를 채우지 못하도록 법으로 금지하고 있어요.

화학식	H_2
원소 기호	H
원자 번호	1
원자량	1.01
녹는점	−259.14℃
끓는점	−252.9℃
밀도	0.07

지금은 비행선에 헬륨 기체를 써요.

➔ 원자, 전자, 화학 반응

수소 이온 지수 (pH : potential of hydrogen)

수소 이온이 수용액에 들어 있는 정도를 나타내는 값

덴마크의 생화학자 쇠렌센이 제안한 방법으로 수용액 속에 들어 있는 수소 이온의 농도가 매우 작아 사용이 불편한 것을 좀 더 쉽게 알 수 있도록 나타낸 것이에요. pH의 범위를 보통 0~14까지로 나타내며 pH 값이 1씩 증가할 때마다 수소 이온 농도는 10배씩 묽어진답니다. 수소 이온 농도 지수라고도 해요. 순수한 물은 25°C에서 pH 7로 산성도 염기성도 아닌 중성이에요. pH값은 강산의 경우 0보다 작을 수 있고, 강염기의 경우 14보다 클 수 있습니다.

수소 이온의 농도 (mol/L)	1.0×10^{-1}	1.0×10^{-7}	1.0×10^{-14}
pH	0	7	14
수용액의 액성	산성 ←	중성	→ 염기성

쇠렌센(1868~1939)

1909년 산의 세기를 나타내는 수소 이온의 진하기를 표현하는 새로운 방법인 pH 값을 처음으로 제안한 덴마크의 생화학자입니다. 코펜하겐 대학에서 화학과 의학을 배우고, 코펜하겐의 왕립 공업고등학교 교사를 했어요. 1896년부터 해군연구소 고문화학자로 있는 동안 옥살산코발트의 연구로 학위를 받았어요. 1901년 카르르스베아 연구소 소장으로 있으면서 단백질의 구성 성분인 아미노산과 효소에 대한 폭넓은 연구로 많은 업적을 남겼어요.

쇠렌센

➔ 단백질, 수용액

수압 hydraulic pressure

물이 누르는 힘

흐르지 않는 물 속의 물체는 모든 방향에서 같은 크기의 힘을 받아요. 이것을 '파스칼의 원리'라고 해요. 깊이 10m의 물속 압력의 크기는 대기압에 의한 압력 1, 물에 의한 압력 1이 합해져 약 2기압이 돼요. 물속으로 10m씩 깊어질수록 수압은 1기압씩 커지기 때문이지요.

물속의 공기 방울은 모든 방향에 같은 크기의 힘을 받아 공 모양이 돼요.

➜ 파스칼의 원리

수용액 solution of water

용질을 물에 녹여서 만든 용액

물은 여러 가지 물질을 잘 녹이는 용매이므로 녹은 물질에 따라 여러 가지 수용액이 있어요. 예를 들면 설탕을 물에 녹여서 만든 용액은 설탕 수용액이 되고, 염화나트륨(소금)을 물에 녹이면 염화나트륨 수용액이 되는 것입니다.

➜ 염화나트륨, 용액, 용질

수은 mercury

은백색의 광택이 나는 무거운 액체

상온(15℃ 내외의 온도)에서 액체 상태로 존재하는 하나뿐인 금속이에요. 수은은 밀도가 큰 중금속으로 생물의 몸 안에 들어가면 밖으로 빠져나오지 않아 병을 일으키는 위험한 물질이에요.

원소 기호	Hg
원자 번호	80
원자량	200.59
녹는점	-38.86℃
끓는점	356.66℃
밀도	13.53

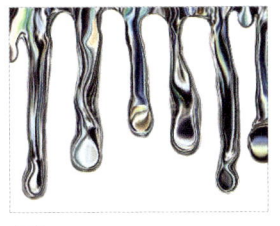
수은

흔들 때 바닥에 떨어뜨리지 않도록 조심! 조심!

수정 fertilization

난자와 정자가 합쳐지거나 꽃가루의 정핵과 암술의 난세포가 만나는 것

동물의 수정 과정

우리 드디어 합쳐진 거야? 응~

❶ 정자들이 난자에게 다가가요.
❷ 가장 먼저 온 정자가 난자의 보호층을 뚫어요.
❸ 수정막이 생겨요. 수정막은 난자를 보호해요.
❹ 정자의 핵과 난자의 핵이 하나로 합쳐져요.

➔ 동물, 정자

수증기 water vapor

기체 상태의 물

같은 물이지만 분자 운동이 가장 활발한 기체 상태의 물을 수증기라고 합니다. 분자들이 모여 있지만 그 배열이 흐트러져서 흐를 수 있는 액체는 물이지요. 분자들이 제자리에서 진동만 하는 고체 상태는 얼음입니다.

➜ 분자

수표 water mark

조선 시대에 한강의 물높이를 재던 기구

돌기둥에 눈금을 새겨 물높이를 쟀어요. 물높이가 일정한 눈금보다 올라가면 홍수가 날 위험이 있다고 짐작하고 대비했어요.

수표(여주 세종대왕릉)

순종 thoroughbred

같은 형질을 나타내는 유전자를 가지고 있는 경우

완두를 예로 들자면, 키를 결정하는 유전자는 큰 키 유전자와 작은 키 유전자가 있어요. 큰 키 유전자끼리 있거나 작은 키 유전자끼리 있을 때를 순종이라 해요. 큰 키 유전자와 작은 키 유전자가 같이 있으면 잡종이에요.
큰 키 유전자끼리 있거나 큰 키 유전자와 작은 키 유전자가 같이 있으면 완두의 키는 커져요. 작은 키 유전자끼리 있으면 완두의 키는 작아져요.

➜ 유전자, 잡종, 형질

순환 기관 circulatory organ

산소, 영양분, 찌꺼기를 실어 나르는 기관

순환 기관은 피가 흐르는 혈관계와 림프가 흐르는 림프계가 있어요. 혈관계는 심장이 중심이 되고, 심장에서 나가는 피가 흐르는 동맥, 피를 심장으로 되돌려 보내는 정맥, 그리고 동맥과 정맥을 연결하는 모세 혈관이 있어요.
피는 폐(허파)에서 이산화탄소를 내보내고, 산소를 얻어요. 그리고 콩팥(신장)에서는 몸에 해로운 찌꺼기를 걸러 내요.
림프계는 림프관과 림프절로 이루어져 있어요. 림프계는 마지막에 정맥과 만나 합쳐지지요.

➜ 동맥, 모세 혈관, 심장, 이산화탄소, 정맥, 폐, 혈관

스모그 smog

오염 물질이 섞인 안개

자동차의 배기가스 같은 오염 물질이 공기 중에서 안개와 섞여 뿌연 스모그를 만듭니다. 스모그가 심한 날 숨을 쉬면 목이 아프고, 때로는 숨 쉬기도 어렵답니다.

연기(smoke) + 안개(fog) ⇒ 스모그(smog)

➡ 안개

스포이트 spuit

적은 양의 액체를 빨아올려 한두 방울씩 넣는 데 쓰는 실험 기구

고무 주머니를 눌렀다가 놓으면 스포이트 안의 압력이 낮아져서 액체가 빨려 올라옵니다. 고무를 누르면 액체가 내려가요. 정밀한 측정을 위해서는 피펫(pipet)을 사용하는데 눈금이 있어서 스포이트보다 정밀한 측정을 할 수 있어요. 최근에는 일회용 스포이트를 사용하기도 해요.

스포이트에 액체를 담은 후에 거꾸로 들면 절대 안 돼요!

습곡 fold

지층이 양쪽에서 미는 힘을 받아 휘어진 구조

수평 방향으로 미는 힘을 받아 만들어져요.

습곡

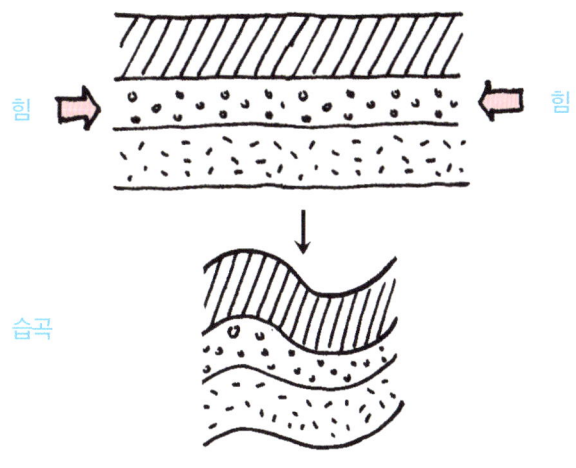
힘 힘
습곡

➜ 지층

승화 sublimation

고체가 액체 상태가 되지 않고 바로 기체로 바뀌거나 기체가 바로 고체로 바뀌는 현상

옷장이나 화장실에 벌레를 쫓기 위해 쓰는 나프탈렌이나 아이스크림을 보관할 때 쓰는 드라이아이스는 승화가 잘 되는 물질이지요. 고체 요오드도 공기 중에 놓아두면 특별히 가열하지 않아도 바로 기체로 변하고 차갑게 하면 액체가 되지 않고 바로 고체가 되어요.

식물 plant

세포벽이 있으며 엽록소가 있어 광합성을 하는 생물

식물은 크게 관다발의 유무에 따라 나뉘고, 관다발이 있는 식물은 포자 번식을 하는 양치식물과 종자 번식을 하는 종자식물로 나눌 수 있어요. 종자식물은 또 속씨식물과 겉씨식물로 나누고요. 속씨식물은 떡잎의 수에 따라 쌍떡잎식물과 외떡잎식물로 또 나눌 수 있습니다. 관다발이 없는 식물에는 선태식물이 있어요.

식물의 분류

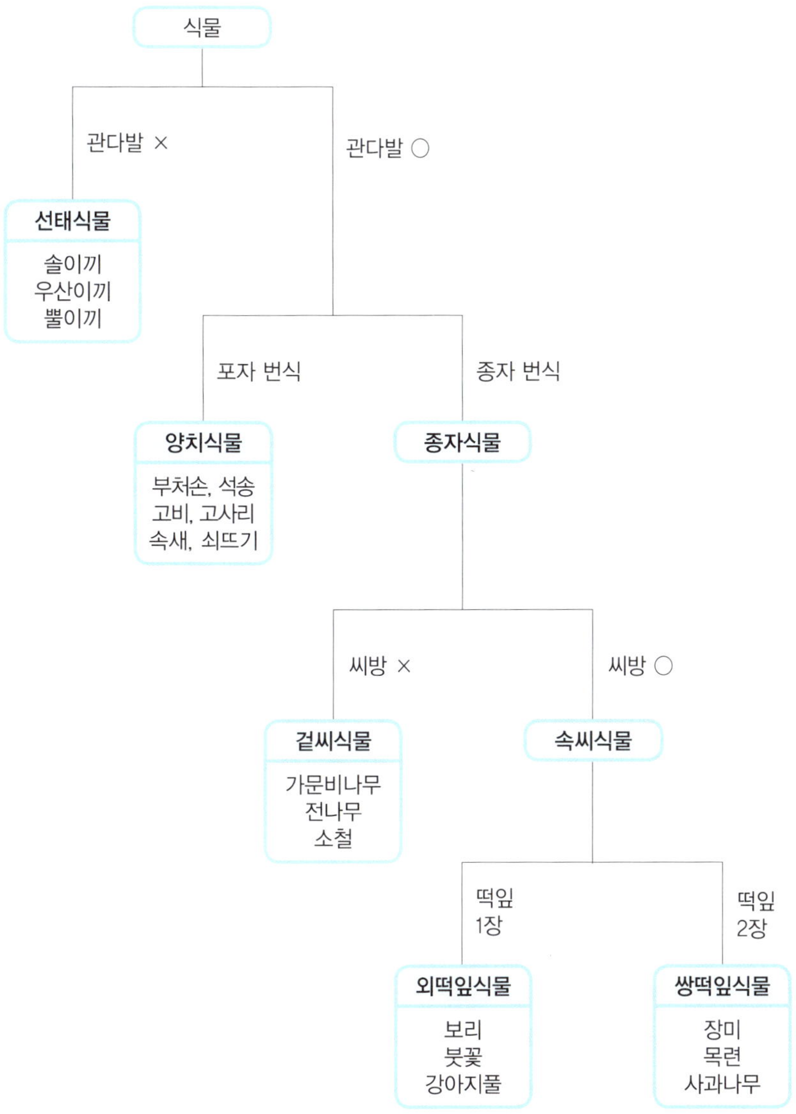

```
                    식물
           ┌─────────┴─────────┐
        관다발 ×              관다발 ○
           │                   │
        선태식물                │
        솔이끼                  │
        우산이끼         ┌──────┴──────┐
        뿔이끼        포자 번식      종자 번식
                        │             │
                     양치식물        종자식물
                     부처손, 석송      │
                     고비, 고사리      │
                     속새, 쇠뜨기      │
                                 ┌────┴────┐
                               씨방 ×    씨방 ○
                                 │        │
                              겉씨식물   속씨식물
                              가문비나무    │
                              전나무       │
                              소철         │
                                    ┌─────┴─────┐
                                  떡잎        떡잎
                                  1장         2장
                                    │          │
                                 외떡잎식물   쌍떡잎식물
                                  보리        장미
                                  붓꽃        목련
                                  강아지풀     사과나무
```

➔ 겉씨식물, 속씨식물, 쌍떡잎식물, 양치식물, 외떡잎식물, 종자식물

신경 nerve

자극이나 명령을 전달하는 뉴런으로 이루어진 기관

동물이 살아남으려면 위험하다고 느꼈을 때 재빨리 반응해야 돼요. 동물이 금방 반응하려면 감각 기관에서 느낀 자극을 빨리 전달할 통로가 필요한데, 이 통로가 바로 신경이에요. 신경은 뉴런이라는 신경 세포로 이루어져 있어요. 뉴런은 아주 가늘고 긴 모양으로 하나의 축색돌기와 여러 개의 수상돌기로 이루어져 있어요.

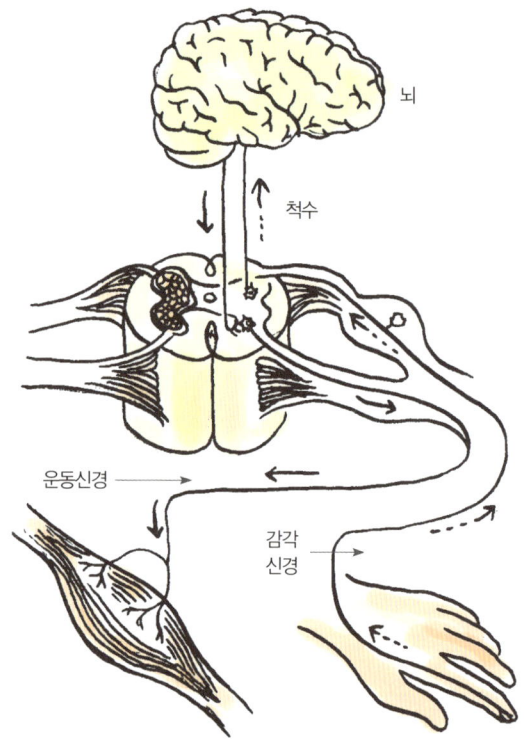

축색돌기 : 신경 세포(뉴런) 가운데 실 모양으로 길게 뻗은 부분으로 하나의 뉴런에 한 개만 있어요.
수상돌기 : 신경 세포(뉴런)에 있는 짤막짤막한 나뭇가지 모양의 돌기로 흥분을 받아들이는 일을 해요. 하나뿐인 축색돌기에 비해 그 수가 많아요.

➔ 뇌, 동물

신경계 nervous system

자극과 명령을 전달하고 조절하는 기관의 모임

신경계는 중추 신경계와 말초 신경계가 있어요. 중추 신경계는 뇌와 척수로 이루어져 있고 명령을 내리거나 전달해요. 말초 신경계는 뇌와 척수에서 뻗어 나와 온몸에 퍼져 있어요. 말초 신경계는 몸 안팎의 자극을 중추 신경계로 전달하거나, 중추 신경계의 명령을 근육이나 각 기관에 전달하는 일을 해요.

➜ 기관, 뇌

심장 heart

혈액을 온몸으로 보내고 받는 중심 기관

사람의 심장은 심방 두 개와 심실 두 개로 되어 있어요. 심방은 피를 받아들이는 곳이고, 심실은 피를 내보내는 곳이에요. 심장은 염통이라고도 해요.

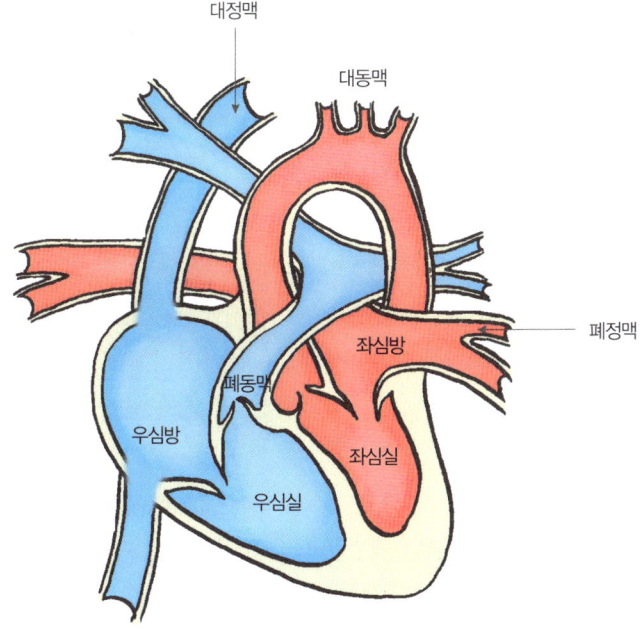

→ 혈액

쌍떡잎식물 dicotyledon

떡잎이 두 장인 식물

잎은 둥그스름하고 넓으며 잎자루가 있어요. 잎맥은 그물맥이고, 뿌리는 원뿌리와 곁뿌리로 이루어진 곧은뿌리예요. 줄기는 마디가 없으며 꽃은 꽃받침, 꽃잎, 수술, 암술로 되어 있고, 꽃잎의 수는 4~5의 배수예요.
사과나무, 나팔꽃, 완두콩, 배추, 토마토, 고구마 등이 쌍떡잎식물이에요.

사과나무

→ 떡잎, 뿌리

시련이란 우리의 우아하고 현명한 의사가 처방해 주는 약이다.
_ 아이작 뉴턴

안개 fog

땅 위에 모여 뿌옇게 보이는 작은 물방울들

밤이 되면 햇볕이 없어서 땅은 차가워져요. 차가운 땅 위의 공기도 온도가 낮아져요. 공기 안에 있던 수증기는 온도가 내려가 물방울이 돼요. 이렇게 땅이나 바다, 강, 호수 위에 모여 있는 물방울을 안개라고 해요.

아침 안개로 먼 곳이 뿌옇게 보이는 모습이에요.

➜ 수증기

암모니아수 ammonia water

암모니아를 물에 녹여 만든 수용액

암모니아수는 암모니아(NH_3)가 물에 녹은 것입니다. 암모니아는 물에 매우 잘 녹아서 물 1ℓ에 암모니아가 899g 정도 녹아요. 부피를 따지면 약 1000배 정도가 녹지요. 수용액은 냄새가 아주 진해서 눈이나 코를 자극해요. 약한 염기성 용액이므로 붉은 리트머스 종이를 푸른색으로 변하게 해요.

하버(Fritz Haber, 1868~1934)

독일의 화학자 하버는 1868년 폴란드에서 유대인 약재상의 아들로 태어났어요. 19세기 말에 인류의 식량 부족 문제를 해결하기 위해서 꼭 필요한 비료를 만들어 냈어요. 공기 속에 있는 질소에서 암모니아를 합성해 비료를 만드는 방법을 개발했지요. 1919년 암모니아를 만들어 낸(질소 고정 기술) 공로로 노벨 화학상을 받았어요.

하지만 그는 자기가 개발한 암모니아 만드는 기술을 이용해 다이너마이트, 고성능 수류탄, 각종 탄약을 개발했어요. 제1차 세계 대전 중에는 전쟁 무기를 열심히 개발했어요. 또 각종 전쟁에 쓸 독가스 개발 연구도 많이 했어요. 결국 위대한 과학자였던 그는 끔찍한 전쟁 범죄자가 되었답니다.

➜ 부피

암석

광물이나 조암 광물이 자연적으로 모여 이루어진 고체

지구의 지각은 대부분 암석으로 이루어져 있어요. 암석은 생성 과정에 따라 화성암, 퇴적암, 변성암으로 분류해요.

암석	종류	생성 위치	종류 및 특징
화성암	화산암	화산 지표면	현무암, 안산암, 흑요석
	심성암	화산 지하	반려암, 섬록암, 화강암, 페리도타이트
퇴적암	이암	바다, 삼각주	진흙이 굳어서
	사암		모래가 굳어서
	역암	하천, 호수, 얕은 바다	모래와 진흙, 자갈이 굳어서
변성암	편마암	정편마암	화성암의 변성으로 생김
		준편마암	퇴적암의 변성으로 생김
	점판암	점토가 굳어서	슬레이트 석판, 벼룻돌, 타일
	대리암	석회암이 변성	건축 재료로 이용
	편암	석운, 운모 등의 광물 입자가 옆으로 배열	

액체자석 Ferro fluid

액체 자체가 자성을 띠는 영구 자석

2019년에 미국 에너지부 소속 버클리 국립연구소가 산화철(iron-oxide)을 녹여 강자성을 띤 영구적인 액체 자석을 만들었어요. 자석의 성질을 지닌 아주 작은 물질을 물이나 기름에 섞어 만든 자성 유체와는 구별됩니다.

자성 유체는 1963년에 나사의 스티브 파펠에 의해 고안된 액체 로켓 연료로, 자기장을 적용하여 무중력 환경의 펌프 입구로 연료를 끌어당길 수 있게 만들어졌어요.

액화 석유 가스 LPG liquified petroleum gas

원유에서 나오는 기체들을 모아 액체 상태로 만든 것

주로 프로판 가스와 부탄 가스가 약 50 : 50의 부피비로 섞여 있고 공기보다 무거워요. 그래서 기체가 새어 나오면 바닥에 쌓이므로 폭발하기 쉬워요. 그리고 끓는점이 높아 액체로 만들기 쉬워서 통에다 보관해요. 자동차의 연료로도 많이 쓰고 있어요.

➜ 끓는점

액화 천연가스 LNG liquified natural gas

천연가스에서 얻을 수 있는 기체를 모아 액체 상태로 만든 것

주로 메탄이 90% 이상 들어 있어요. 메탄은 냄새와 색깔이 없고 공기보다 가벼워요. 액화 석유 가스와 달리 기체가 새어 나와도 쉽게 날아가 액화 석유 가스보다는 폭발할 위험이 적어요. 하지만 온도가 올라가면 쉽게 기체로 바뀌어 버리기 때문에 통에 담기 어려워 관으로 연결해서 씁니다.

➜ 액화 석유 가스

양서류 Amphibia

어릴 때는 물속에서 아가미로 숨을 쉬고 다 자라서는 폐로 숨 쉬는 척추동물

청개구리

전 세계에 약 3000종이 알려져 있어요. 피부에 비늘이나 털이 없고 매끈하고 축축해요. 다리가 네 개 있고 발에 물갈퀴가 있는 것이 많아요. 개구리, 두꺼비, 도롱뇽이 양서류예요.

➜ 척추동물, 폐

양치식물 Pteridophyta

관다발을 가지고 있는 식물 가운데 꽃이 피지 않고 홀씨(포자)로 번식하는 식물

뿌리와 줄기, 잎을 뚜렷하게 구분할 수 있어요. 물관과 체관이 구별되는 관다발을 가지고 있어요. 꽃이 피지 않고 홀씨(포자)로 번식하는 특징을 가지고 있어 같은 관다발 식물 가운데 하나인 종자식물과 구분할 수 있어요.
진화의 관점에서 보았을 때 선태식물(이끼식물)과 종자식물의 중간 단계에 해당해요. 고사리, 고비, 석송, 속새, 쇠뜨기가 양치식물에 속해요.

고사리

➜ 종자식물

양팔 저울 beam balance

가운데를 받침점으로 하고 분동을 이용해 물체의 질량을 재는 기구

막대가 한쪽으로 기울어지지 않고 평형을 이룰 때, 물체의 질량은 다른 쪽 팔에 올려놓은 분동의 질량과 같아요. '천칭'이라고도 해요.

질량을 재는 저울에는 양팔 저울, 윗접시 저울 등이 있고, 무게를 재는 저울로는 체중계, 용수철 저울, 앉은뱅이 저울, 전자 저울 등이 있어요.

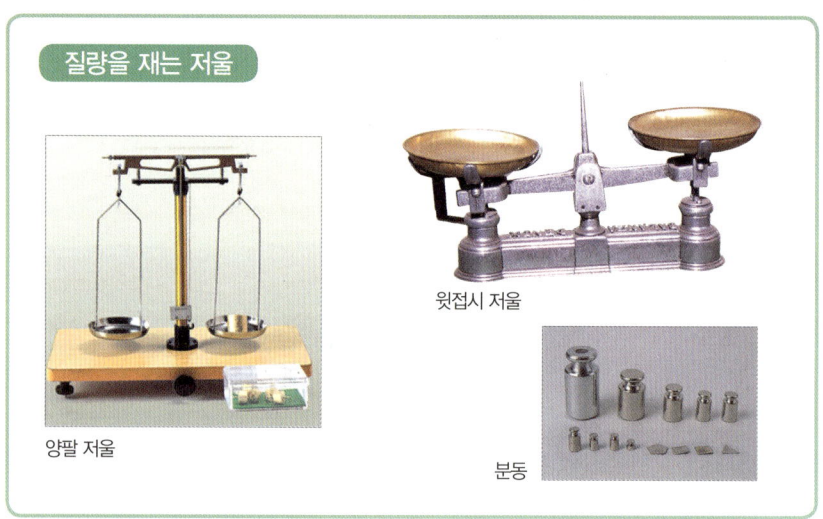

질량을 재는 저울
양팔 저울
윗접시 저울
분동

➜ 분동, 질량

어는점 freezing point

액체가 고체로 상태 변화를 일으키는 온도

1기압일 때의 어는점을 '기준 어는점'이라고 해요. 물의 기준 어는점은 0℃이고, 에탄올의 기준 어는점은 영하 114℃랍니다. 녹는점과 온도가 같아요.

어류 fish

물속에서 살며 지느러미가 있고, 아가미로 숨 쉬는 척추동물

물고기예요. 전 세계에 약 1만 300여 종이 있고 우리나라에는 약 200여 종이 있어요. 어류는 지느러미로 몸의 균형을 잡고 헤엄도 쳐요. 어류는 대부분 부레라는 공기주머니를 가지고 있어요. 부레는 소화관의 일부가 부푼 것으로 물에서 뜨고 가라앉는 것을 도와줘요. 옆줄은 물의 흐름과 온도를 느끼는 감각기관이에요.

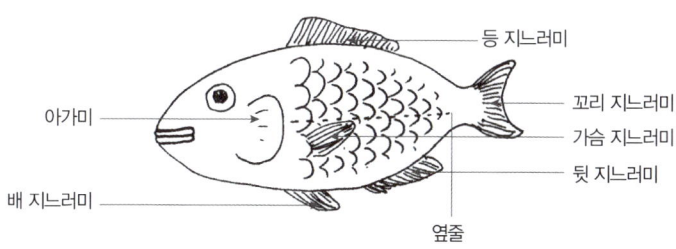

➜ 척추동물

에나멜선 enameled wire

전기가 잘 흐르지 않는 에나멜로 씌운 전선

전동기나 전자석을 만들 때 에나멜선을 많이 써요. 전선에 에나멜을 입혀 사용하는 것은 전선끼리 닿는 것을 막는 안전 장치예요.

> **에나멜이 뭐예요?**
> 금속이나 나무를 보호하기 위해 칠하거나 씌우는 유리 성분의 물질입니다. 반짝거리며 투명한 것도 있고 색깔이 있는 것도 있지요.

➜ 전동기, 전자석

에너지 energy

일을 할 수 있는 능력

운동 에너지, 위치 에너지, 전기 에너지, 태양 에너지처럼 일을 할 수 있는 능력을 에너지라고 해요. 사용해도 사라지지 않고 다른 에너지로 변해요. 그래서 에너지는 그 양이 줄어들지 않고 보존됩니다. 그렇지만 모든 에너지를 다시 쓸 수 있는 것은 아니에요. 자동차의 기름은 화학 에너지를 가지고 있는데, 자동차 엔진 속에서 기름이 타면서 차를 움직이지요. 화학 에너지가 운동 에너지로 변한 거예요.

태양광 발전 장치

에너지에는 어떤 종류가 있나요?

❶ 열 에너지(heat energy)
열의 형태를 가진 에너지예요. 물체의 온도나 상태를 바꿔 줘요. 석유나 석탄을 태워 열 에너지를 얻지요.

❷ 운동 에너지(kinetic energy)
움직이는 물체가 가진 에너지예요. 물체의 질량이 크고 속도가 빠를수록 에너지가 커요.

❸ 위치 에너지(potential energy)
물체가 어떤 위치에 있을 때 가지는 에너지예요. 높이가 높을수록 커지는 중력 위치 에너지와 용수철이나 고무줄처럼 길이가 많이 변할수록 커지는 탄성 위치 에너지가 있어요.

❹ 전기 에너지(electric energy)
전기가 가지고 있는 에너지예요.

➔ 전기, 에너지, 태양

엑스선 X-rays

0.01나노미터에서 수십 나노미터 사이의 파장을 가진 빛

1나노미터(nm)는 1미터의 10억분의 1입니다. 파장이 긴 빛은 물체를 잘 통과하지 못하지만, 파장이 짧은 빛은 에너지가 강해져 물체를 쉽게 통과합니다. 엑스선은 파장이 나노미터 단위로 표시해야 할 만큼 짧기 때문에 에너지가 아주 강합니다. 그래서 엑스선의 세기와 파장을 잘 조절하여 사람 몸 안의 뼈도 볼 수 있어요. 그리고 공항에서는 가방 속에 무엇이 들어 있는지 알아내는 데 엑스선을 이용하기도 해요.

뢴트겐의 X선 발견

뢴트겐(Röntgen, 1845~1923)은 독일에서 태어나 세 살 때 네덜란드로 가 어린 시절을 보내고, 네덜란드와 스위스의 대학에서 물리학을 공부했어요.
뢴트겐은 음극선에 흥미를 느끼고 실험을 하다가 음극선관에서 눈에 보이지 않는 광선이 있다는 것을 발견하고 그 광선을 X선이라고 했어요. X선에 대한 관심이 유럽과 미국에서 높아지면서 X선을 응용해 의학의 새로운 도구로 사용하게 되었어요.
뢴트겐이 X선을 발견한 뒤 물리학은 아주 빨리 발달했어요. 프랑스의 베크렐이 방사능을 발견했고, 마리 퀴리가 '방사능'이라는 이름을 붙였으며, 퀴리 부부와 영국의 러더퍼드가 방사선이 무엇인지 밝혀 냈어요. 20세기에 이 분야의 발전은 더욱 빨라져 원자의 구조를 밝히고 핵물리학의 발전에 아주 많은 기여를 했어요.
이 공로로 뢴트겐은 1901년 노벨상이 처음으로 만들어졌을 때 최초의 노벨 물리학상을 받았어요.

➜ 파장

여과 filtration

액체와 고체가 혼합된 물질을 입자의 크기 차이를 이용하여 분리하는 방법

깔때기에 거름종이나 헝겊을 깔면 액체에 녹지 않는 고체를 걸러 낼 수 있어요. 체를 쓰면 큰 알갱이와 작은 알갱이를 나눌 수 있어요.

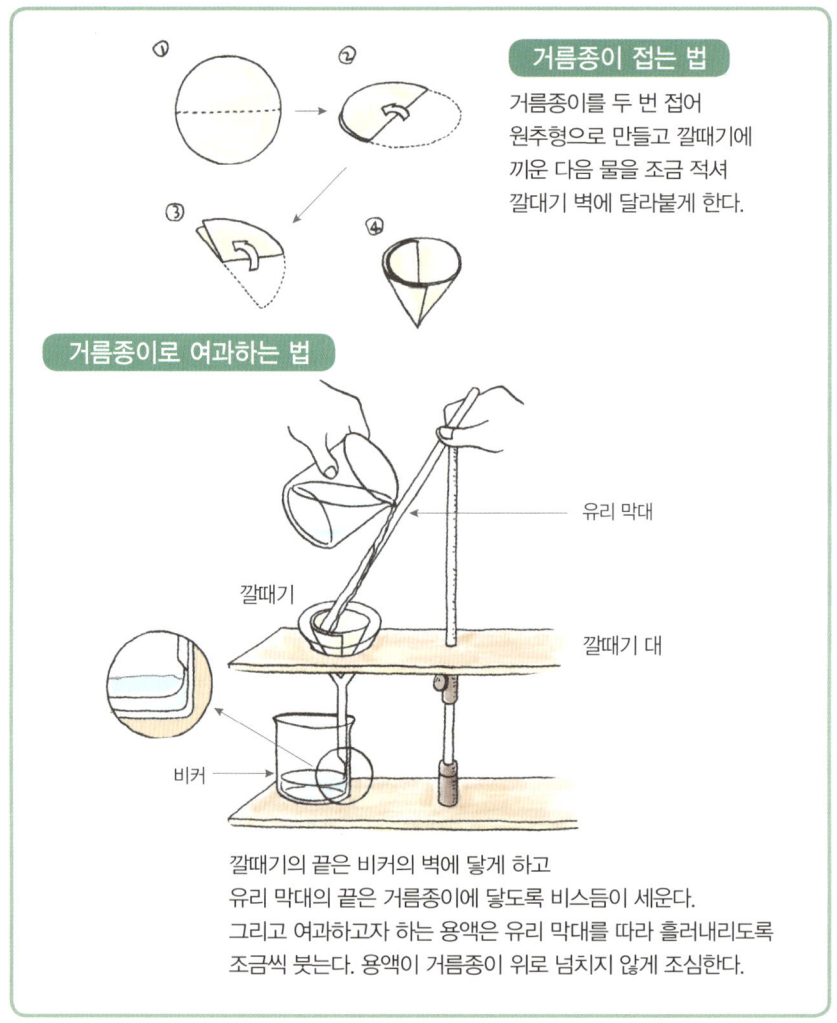

깔때기의 끝은 비커의 벽에 닿게 하고 유리 막대의 끝은 거름종이에 닿도록 비스듬이 세운다. 그리고 여과하고자 하는 용액은 유리 막대를 따라 흘러내리도록 조금씩 붓는다. 용액이 거름종이 위로 넘치지 않게 조심한다.

➔ 고체, 액체

여름잠 aestivation

열대나 아열대에 사는 동물이 덥고 건조한 기간에 죽은 것처럼 활동을 멈추고 잠을 자는 일

달팽이, 악어, 거북, 개구리, 곤충 등이 여름잠을 잡니다.

역암 conglomerate

자갈과 모래, 진흙이 섞여 굳어진 퇴적암

둥근 자갈 사이를 진흙이 채우고 있어요. 콘크리트처럼 생겼어요.

역암(국립중앙박물관)

➜ 퇴적암

연금술 alchemy

철이나 구리 같은 금속을 금이나 은으로 바꾸려고 했던 기술

아주 옛날의 과학자들은 흙, 물, 불, 공기로 세상의 모든 것이 만들어졌다고 생각했답니다. 그래서 값이 싼 금속이나 물, 흙, 돌과 같은 것을 가열해서 값이 비싼 금이나 은, 또는 한 번 먹으면 죽지 않는 약을 만들려고 했답니다. 아무도 연금술로 금을 만들지는 못했지만, 연금술은 화학의 발전에 큰 밑거름이 되었어요.

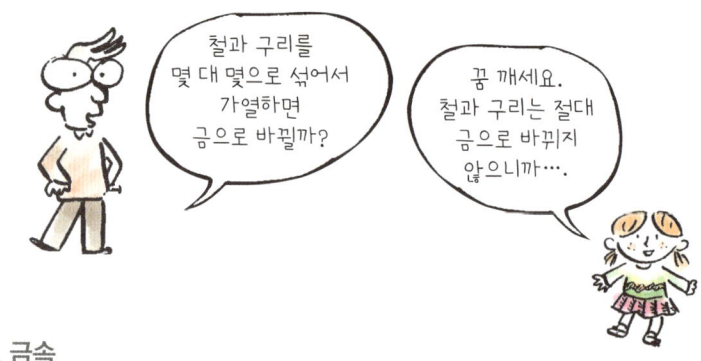

➜ 공기, 금속

연료 전지 fuel cell

연료가 탈 때 생기는 에너지를 전기 에너지로 바꾸는 장치

연료 전지는 보통의 전지와 다르게 연료가 바깥에서 계속 공급되어 전기 에너지를 만들어요. 가장 먼저 만들어진 것은 수소-산소 연료인데, 요즘에는 여러 가지 원료를 쓰는 다양한 연료 전지가 만들어지고 있어요.

화석 에너지에 의존하는 탄소 시대를 지나 이제는 수소 시대가 올 거예요. 수소 연료 전지는 화석 연료를 이용하는 터빈 발전 방식에 비해 에너지 효율이 높으며(26%) 소음이 없고 온실가스 발생이 적은(40%) 친환경 에너지원이에요. 수소와 공기 중의 산소가 결합해 전기를 자체 생산하는 연료 전지는 자동차나 잠수함 등에 이용할 수 있어요.

➜ 수소, 에너지, 전지

연소 combustion

어떤 물질이 산소와 반응하면서 열과 빛을 내는 현상

연소가 되기 위해서는 산소와 탈 물질 그리고 발화점보다 높은 온도가 필요해요. 그래서 이 세 가지를 연소의 3요소라고 해요. 금속이 아닌 물질들은 연소하면 질량이 줄어들지만, 금속은 연소하면 산소가 결합해 질량이 늘어나요.

라부아지에(Lavorisier, A. L. 1743~1794)
'화학의 아버지'로 알려진 프랑스의 화학자

연소는 연료가 공기 중의 산소와 반응하는 것임을 증명했어요. 그리고 화학 반응에서 반응하기 전과 뒤에 질량의 총합은 서로 같다는 '질량 보존의 법칙'을 실험으로 증명해 '화학의 혁명'을 일으킨 과학자입니다.

처음에는 법학을 공부했지만, 나중에 화학을 공부하고 세금관리인이 되어 번 돈으로 실험 도구나 약품을 사서 연구를 많이 했어요. 라부아지에는 연소 이론, 비열 이론, 질량 보존의 법칙을 비롯한 거의 모든 실험에서 성공했어요. '실패를 몰랐다'는 점에서 라부아지에는 천재 중의 천재였다고 할 수 있지요. 자신의 연구 결과를 모아 1789년에는 화학 교과서라 할 수 있는 《화학의 원리》를 쓰기도 했어요.

화학에서 위대한 업적을 남겼지만 프랑스 혁명이 일어나자 악명 높았던 세금관리인 조합원으로 활동했던 탓에 재판부는 '공화국에는 과학자가 필요 없다'며 사형을 선고했어요. 결국 라부아지에는 단두대의 이슬로 사라지고, 이 사형 집행을 보던 수학자 라그랑주는 천재 화학자의 죽음으로 프랑스와 세계의 과학계가 입은 손실을 한탄하면서 다음과 같이 말했다고 해요.

"그의 목을 자르는 데는 1초밖에 걸리지 않았지만, 그의 목을 만들려면 100년이 걸릴 것이다."

➜ 금속, 발화점, 산소, 질량

연체동물 mollusk

뼈가 없으며 머리, 내장, 다리, 외투막 네 부분으로 구분되는 몸을 가진 동물

연체동물은 곤충과 척추동물 다음으로 수가 많고 다양해요. 피부는 점액을 분비하며, 조개나 소라처럼 석회질로 된 껍질을 갖는 것도 있어요. 길이가 1mm인 고둥부터 다리 길이가 12m나 되는 대왕오징어까지 크기가 다양해요.
물속에 사는 연체동물은 아가미로 숨을 쉬어요. 군부, 뿔조개, 달팽이, 민달팽이, 조개, 굴, 오징어, 문어, 앵무조개 따위가 있어요.

달팽이

문어

➜ 곤충, 척추동물

열량 quantity of heat

열의 양

두 물체의 온도 차에 의해 하나의 물체에서 다른 물체로 이동하는 에너지를 열이라 하고, 그 양을 열량이라고 해요. 열량의 단위로는 cal(칼로리)를 쓰는데, 1cal는 물 1g을 1℃ 높이는 데 필요한 열량이지요. 석탄이나 석유와 같은 연료를 연소시키면 열량을 많이 얻을 수 있어요.

➜ 칼로리

열매 fruit

속씨식물의 꽃 일부가 커져서 된 것

속씨식물이 수정한 다음 씨방이나 꽃받침 따위가 커져서 된 것이에요. 씨방이 커져서 된 참열매와 씨방 아닌 부분이 커져서 된 헛열매가 있어요. 참열매로는 감, 복숭아, 야자, 매실이 있고, 헛열매로는 무화과, 배, 사과, 딸기 같은 것이 있어요.

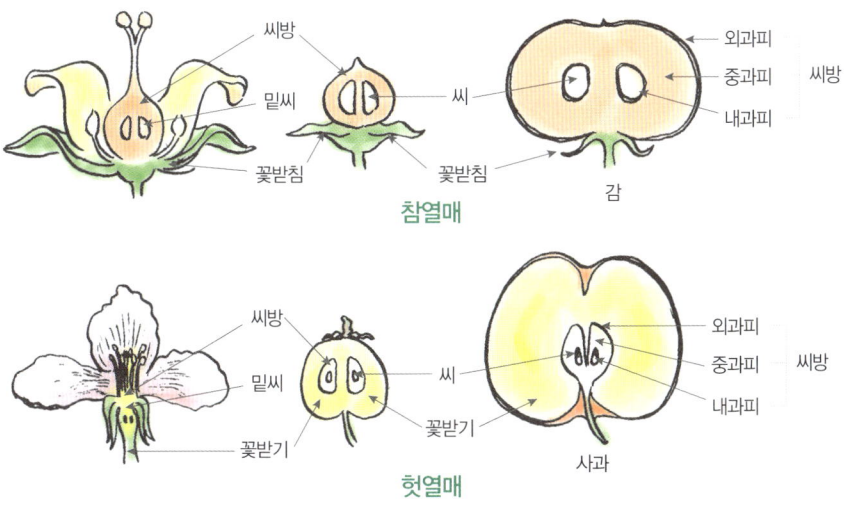

참열매

헛열매

➜ 꽃, 속씨식물, 수정

열 변색 물감 heat sensitive paint

일정한 온도가 되면 색이 변하는 물감

변색 물질을 마이크로캡슐에 봉입하고 캡슐 속의 변색 물질이 외부 자극에 의해 반응하여 색채 성분(색을 결정)과 발색제(색의 농도를 결정)가 접촉하면 순식간에 색이 나타나요. 아기 속옷을 만들 때 이런 원리를 이용하면 아기가 열이 날 때 금방 알 수 있겠지요. 이 외에도 헤어드라이어, 전자 부품 회로(화재 예방을 위한 장치) 등 다양한 분야에 활용되고 있어요.

열성 recessive

잡종 1대에서 나타나지 않는 형질

순종인 노란색 완두의 꽃가루를 순종인 초록색 완두의 암술머리에 묻히면, 초록색 완두 콩깍지 속에 노란색 완두만 나와요. 이렇게 서로 대립되는 형질을 가지고 있는 순종끼리 수정시켜 다음 세대를 얻어 보면 한 가지 형질만 나타날 때가 있어요. 이때 겉으로 드러난 형질을 우성이라 하고 드러나지 않은 형질을 열성이라 해요. 이러한 형질을 발견한 과학자가 멘델이에요.

드러나지 않았던 열성 형질은 그다음 세대에서 적은 비율로 다시 나타나요.

➡ 멘델, 우성

염기 base

물에 녹아서 수산화이온(OH-)을 내어 놓는 물질

산과 반응해서 염과 물을 만드는 물질이에요. 손에 닿으면 미끈거리는데 이것은 단백질을 녹이는 성질 때문이에요. 강한 염기로 수산화나트륨(NaOH), 수산화칼륨(KOH), 수산화칼슘($Ca(OH)_2$) 등이 있고, 약한 염기로 암모니아수(NH_4OH), 수산화마그네슘($Mg(OH)_2$)이 있어요. 알칼리라고도 해요.

➜ 산

염산 hydrochloric acid

염화수소를 물에 녹여 만든 수용액(화학식 HCl)

염화수소 기체는 물에 잘 녹아요. 물 100g에 81.31g이 녹아요. 염산은 강한 산성이므로 냄새가 진하고, 피부를 자극합니다. 푸른 리트머스 종이나 메틸오렌지 지시약을 붉은색으로 바꿔요.

➜ 지시약

염색체 chromosome

세포가 두 개로 분열할 때 나타나는 굵은 실타래 모양, 또는 막대 모양의 것

유전 물질인 디엔에이(DNA)는 염색체 속에 들어 있어요. 아세트산카민과 같은 염색액에 염색이 잘 되어 염색체라는 이름이 붙었지요. 생물이 갖고 있는 염색체의 기본 생김새는 같아요. 사람의 체세포 하나에 들어 있는 염색체는 46개예요. 이 가운데 23개는 난자에서, 나머지 23개는 정자에서 온 것이지요. 23쌍의 염색체 가운데 한 쌍은 성을 결정하는 성염색체고 나머지 22쌍의 염색체는 상염색체예요. 염색체의 수나 생김새에 변화가 일어나서 자손에게 전해지면 자손은 돌연변이가 돼요.

염색체의 구조

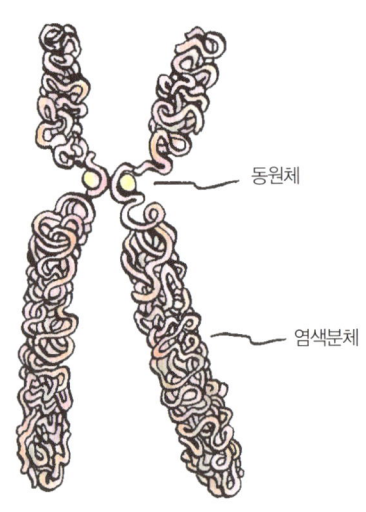

동원체

염색분체

➜ 디엔에이, 세포, 유전

염화나트륨 sodium chloride, salt

염소 기체와 금속 나트륨이 빠르게 반응해 만들어진 물질(화학식 NaCl)

무색 반투명하며, 냄새가 없고 짠맛을 가진 결정이에요. 염소와 나트륨 원자가 가지런한 결정을 이루고 있어요. 바닷물 속에 많이 들어 있으며, 소금 덩어리 모양으로 땅속에 묻혀 있는 경우도 있어요. 음식을 만들 때 맛을 내기 위해 쓰이며, 많은 동식물이 살아가기 위해서 꼭 필요한 물질이죠. 소금이라고도 해요.

➜ 금속

염화코발트 cobalt chloride

도자기나 유리의 파란빛을 내는 데 쓰이는 결정(화학식 CoCl2)

물에 젖으면 물 분자와 결합해 붉은색으로 변해요. 그래서 어떤 물질에 물기가 있나 없나 알아볼 때 써요.

➜ 분자, 유리

엽록체 chloroplast

식물 잎에서 광합성이 일어나는 곳

엽록소를 가지고 있어서 광합성을 하는 부분이에요. 지름이 0.005㎜ 정도로 아주 작고, 세포 속에 있는 둥근 구조물이에요.

엽록체의 구조

엽록체

➔ 광합성, 세포, 식물

엽상체 thallus

줄기와 잎의 구별이 없고, 관다발이 없는 식물의 몸

김이나 미역처럼 잎 모양을 하고 있는 생물의 몸을 엽상체라고 해요. 줄기·잎·뿌리가 뚜렷하게 구분되는 식물의 몸은 경엽체라고 하지요.

우산이끼

잎처럼 생겼군!

➔ 식물

오름 parasitic volcano

화산에 곁가지로 생기는 작은 화산

제주도에서는 기생 화산을 오름이라고 해요. 기생 화산은 화산의 기슭에 화산이 분출하여 용암이 흘러나와 생긴 작은 화산이에요. 제주도 한라산에는 여기저기 오름이 있답니다.

오름(제주도)

각시바우 오름(제주도)

➔ 마그마, 용암, 화산

오목 거울 concave mirror

오목한 면으로 빛을 반사하는 거울

빛을 모으거나 물체를 크게 보여 줘요. 반사 망원경의 거울로도 쓰이지요.

➜ 볼록 거울, 망원경

오목 렌즈 concave lens

가운데보다 가장자리가 더 두꺼운 렌즈

빛을 퍼지게 하는 성질이 있어요. 근시용 안경에 써요.

안경(근시용 렌즈)

오일펜스 oil fence

기름이 퍼져 나가는 것을 막으려고 만든 기름막이

석유를 실어 나르는 유조선이 암초에 부딪히거나, 배끼리 부닥쳐 사고가 나 기름이 바다나 강으로 새어 나갔을 때, 물 위로 기름이 넓게 퍼지는 것을 막는 도구예요. 기름이 더 넓은 지역으로 퍼지지 않게 잘 막아 두고 오일펜스 안쪽으로 갇힌 기름을 깨끗하게 치우면 해산물 피해를 줄일 수 있지요.

2007년 서해안의 태안 앞바다에서 원유 유출 사고가 났을 때, 오일펜스를 설치해서 더 큰 피해를 막았어요.

오염을 줄이기 위해 사람들이 기름을 제거하고 있어요.

오일펜스
흡수하는 천

오존 ozone

비릿한 자극성 냄새가 나는 푸르스름한 기체

산소 원자 세 개가 모인 거예요. 복사기로 복사를 할 때나 전기 용접을 할 때 생겨요. 자외선이 강할 때에도 많이 생겨요. 오존은 산화력이 강해서 음료수를 소독하거나 옷감을 표백할 때 많이 써요. 오존층에 있는 오존은 태양으로부터 나오는 나쁜 자외선을 막아 주지만, 땅 가까이에 있으면 독성이 있어서 눈이나 호흡기를 아프게 해요.

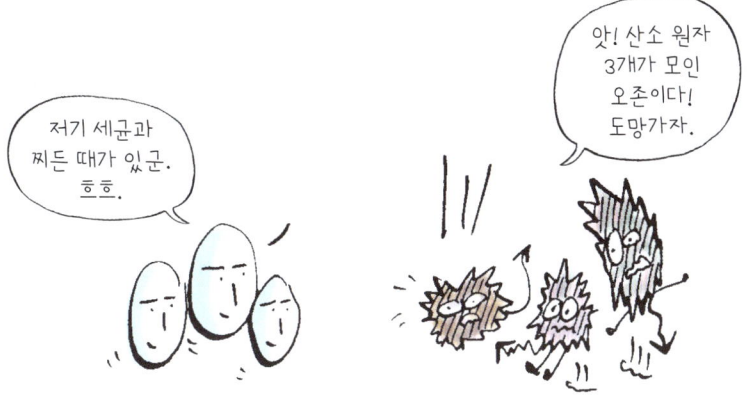

오존주의보가 뭐예요?

대기 중에 오존의 시간당 농도가 0.12ppm* 이상일 때 내리는 주의보를 말해요. 각 자치단체장은 정해진 구간에서 오존의 시간당 농도가 0.12ppm이 되면 '주의보', 0.3ppm으로 오르면 '경보', 0.5ppm보다 높게 올라가면 '중대경보'를 내려요. 오존 농도 '주의보'가 났을 때, 사람이 1시간 이상 돌아다니면 목과 눈이 따끔거리고 기침이 나요. 그러니까 주의보가 나오면 호흡기 환자나 노약자, 어린이는 외출을 삼가고 운전자도 운전을 하지 않는 것이 좋아요.

* 1ppm은 백만분의 1g의 농도

➜ 산소, 자외선, 태양

오줌보(방광) bladder

콩팥(신장)에서 내려온 오줌을 저장했다가 몸 밖으로 내보내는 주머니

남자는 직장 앞에, 여자는 자궁과 질 윗부분 앞쪽에 있어요. 오줌이 없을 때는 쪼그라져 있다가 오줌이 채워지면 부풀어요. 0.2리터(ℓ)쯤 차면 마려운 것을 느껴요. 오줌을 오래 참으면 요도의 기능이 떨어지고 방광염에 걸릴 수도 있어요.

> 오줌보의 용량은 성인 남자의 경우 약 0.6ℓ이고 최대 용량은 약 0.8ℓ래요. 여자는 남자보다 조금 작아요.

➔ 콩팥

온도계 thermometer

온도를 재는 기구

유리관에 수은이나 알코올을 넣어서 만들어요. 열에 따라 수은, 또는 알코올의 부피가 늘어나거나 줄어드는 것을 보면 온도를 알 수 있어요. 유리로 된 온도계는 깨지지 않도록 조심해야 해요. 숫자로 온도를 나타내 주는 디지털 온도계와 적외선을 써서 물체 표면의 온도를 멀리서도 잴 수 있는 적외선 온도계도 있어요.

➔ 수은, 적외선

온실 효과 greenhouse effect

이산화탄소, 메탄, 수증기 때문에 지구의 기온이 높게 유지되는 효과

태양에서 오는 복사선은 대기를 통과해 땅을 덥혀요. 땅에서는 적외선이 나와요. 적외선 중에 많은 양은 대기 중의 이산화탄소, 메탄, 수증기, 프레온 가스 같은 온실 기체에 흡수되어 다시 땅으로 돌아와요. 온실 기체가 없으면 지구는 바다가 얼 정도로 추워져요.

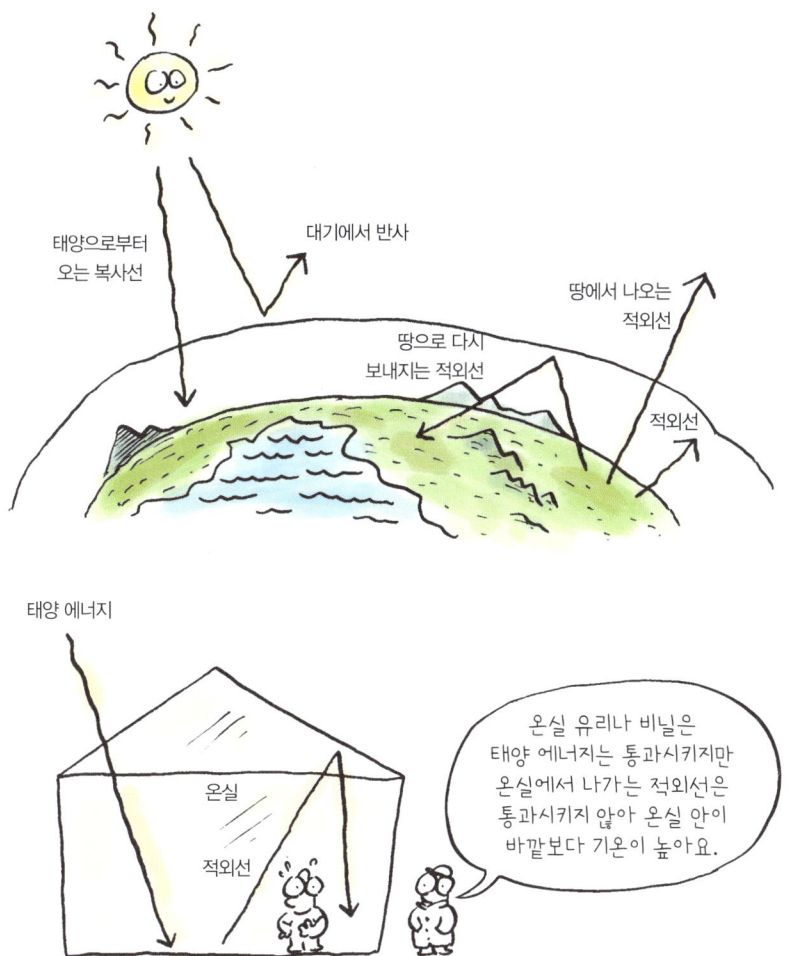

➜ 가시광선, 대기, 수증기, 유리, 이산화탄소, 적외선, 태양, 프레온

온천 hot spring

따뜻한 물이 나오는 샘

땅속의 열이나 마그마 때문에 지하수가 데워져서 땅 위로 솟아나온 것이에요. 몸에 좋은 성분이 많아서 병을 고치는 데 도움이 돼요. 온천은 화산이 있는 곳에 많답니다. 그런데 우리나라 온천은 화산 밑에 있는 용암이 아니라 주로 땅속의 열로 데워진 것이 많아요.

온천(일본)

➜ 마그마, 용암

외떡잎식물 Monocotyledoneae

떡잎이 한 장인 식물

잎은 가늘고 좁으며 잎자루가 없어요. 잎맥은 나란히맥이고, 뿌리는 수염뿌리예요. 물이 흐르는 물관과 영양분이 흐르는 체관이 여기저기 흩어져 있고, 부름켜(형성층)가 없어 굵게 자라지 못해요. 또 나이테도 생기지 않아요.
잔디, 벼, 보리, 밀, 옥수수, 조, 수수, 피, 대나무, 강아지풀, 난, 붓꽃, 갈대, 부들, 억새, 마늘, 튤립 등이 외떡잎식물이에요.

외떡잎식물인 갈대예요.

➔ 떡잎, 뿌리, 식물

요오드 Iodine

할로겐 원소의 하나

미역이나 다시마에 많이 들어 있어요. 고체 상태에서 바로 기체로 바뀌는 승화성이 있어요. 요오드 고체는 짙은 보랏빛 김이 나는 독성이 강한 물질인데, 묽게 만들어서 소독약으로 많이 써요.

원소 기호	I
원자 번호	53
원자량	126.904
녹는점	113.6℃
끓는점	184.4℃
밀도	4.94

용암 lava

마그마에서 기체 성분이 빠진 것

마그마가 땅 위로 흘러나와서 식은 뒤 가스가 날아간 것이에요. 끈적이는 정도가 달라서 어떤 용암은 물처럼 잘 흐르지만 어떤 것은 흐르지 않고 폭발하면서 땅 위에 쌓이지요. 이러한 용암이 굳어서 된 암석을 화산암이라고 해요. 제주도에서 흔하게 볼 수 있는 현무암이 대표적인 화산암이지요.

용암

➜ 마그마, 현무암

용액 solution

두 가지 이상의 물질이 골고루 섞여 있는 액체

액체가 액체에 섞이거나 고체가 액체에 녹은 것, 그리고 기체가 액체에 녹은 것을 모두 용액이라고 해요. 예를 들어 꿀을 물에 타서 꿀물을 만들면 그것은 꿀 수용액이 되는 것입니다.

➜ 수용액

용질 solute

용매(solvent)에 들어가서 골고루 섞이는 물질

보통 고체나 기체가 액체에 녹을 때에는 고체가 용질, 액체가 용매가 되지만, 액체와 액체가 섞일 때에는 양이 많은 것을 용매, 양이 적은 것을 용질이라고 해요.

용해 dissolution

기체·액체·고체가 액체에 녹는 현상

온도에 따라서 녹는 정도가 달라요. 고체는 온도가 높을수록 액체에 잘 녹고, 기체는 온도가 낮을수록 액체에 잘 녹아요.

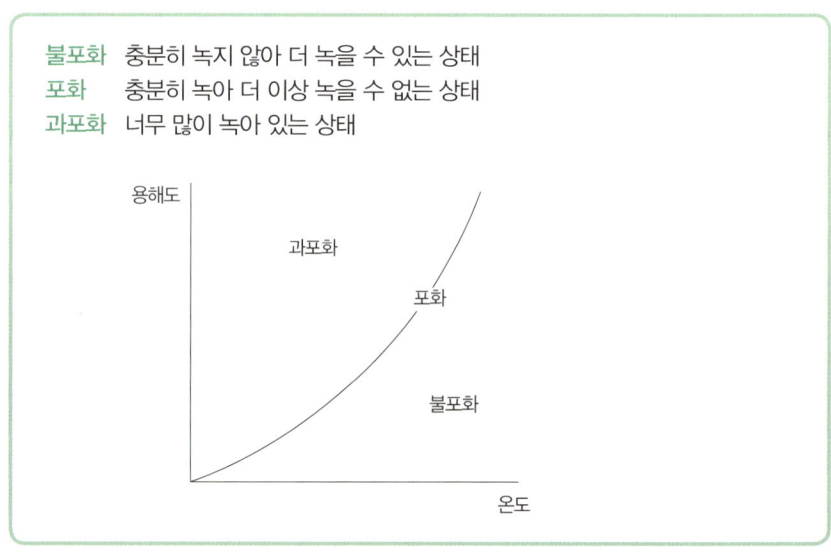

우라늄 uranium

원자력 발전에 쓰이는 방사성 물질

우라늄의 원자핵이 붕괴될 때에 많은 열이 나와요. 이 열로 터빈을 돌리면 전기를 만들 수 있어요. 자연에서 얻을 수 있는 우라늄은 0.7%로 농도가 매우 낮아요. 이것을 3%로 농축해서 항공 모함과 같은 큰 배를 움직이는 연료로 쓰기도 해요. 전기를 만드는 원자력 발전에 널리 써요. 무시무시한 원자 폭탄은 자연에서 얻은 우라늄을 90%가 넘게 농축해서 순간적으로 터뜨리는 것입니다.

원소 기호	U
원자 번호	92
원자량	238.029
녹는점	1133℃
끓는점	3818℃
밀도	19.05

➔ 원자, 전기

우리 은하 Galaxy

태양계를 포함한 별과 성운과 성단들이 모여 있는 원반 모양의 천체

우리 은하는 납작한 나선형 모양이에요. 우리 은하 안에는 태양과 같은 별이 약 2천억 개가 있어요. 우리 눈에 보이는 은하수는 우리 은하 안에서 바라본 우리 은하의 한 부분이에요. 여름철 시골 밤하늘을 보면 은하수를 볼 수 있지요. 우주에는 우리 은하와 같은 은하가 수없이 많이 있어요.

안드로메다

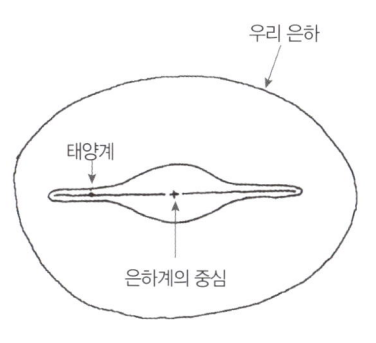

우리 은하를 옆에서 본 모습

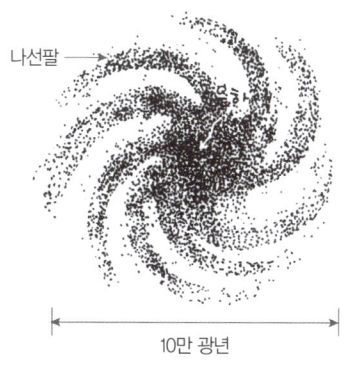

우리 은하를 위에서 본 모습

➔ **태양계**

우박 hail

비처럼 내리는 얼음 덩어리

구름 안에 있던 물방울과 얼음 결정이 무거워서 떨어지다가 강한 상승 기류에 의해 다시 올라갑니다. 그리고 올라간 물방울은 다시 얼어요. 이렇게 생긴 얼음 덩어리가 구름 내부에서 오르락내리락하다가 물방울이 자꾸 더 얼어붙어서 큰 얼음 덩어리가 되어 떨어지면 우박이 되지요.

우박에 맞아 과일이 떨어지거나 식물이 죽기도 해요. 자동차가 부서지기도 하고 사람이 맞아 다친 적도 있어요.

우박

➜ 구름

우성 dominance

잡종 1대에서 나타나는 형질

과학자 멘델이 발견한 이론이에요. 순종인 노란색 완두의 꽃가루를 순종인 초록색 완두의 암술머리에 묻히면, 초록색 완두 콩깍지 속에 노란색 완두만 나와요. 이렇게 서로 대립되는 형질을 가지고 있는 순종끼리 수정시켜 다음 세대를 얻어 보면 한 가지 형질만 나타날 때가 있어요. 이때 겉으로 드러난 형질을 우성이라 해요.

➜ 멘델, 순종, 잡종, 형질

우주복 space suit

우주인이 입는 옷으로, 우주에서 몸을 보호할 수 있도록 만든 특수한 옷

우주인과 우주복

우주복은 여러 겹으로 된 천으로 만들어요. 온도가 갑자기 달라지거나, 작은 유성에 부딪혀도 우주 비행사가 다치지 않게 보호해 주어요. 우주에서는 태양이 비출 때와 비추지 않을 때의 온도가 수백℃씩 차이가 나기 때문에 우주복을 입어야 체온을 유지할 수 있어요.

배가 고프거나 물을 마시고 싶을 때도 손을 대지 않고 빨대로 먹을 수 있어요.

쉬이이이이.

우주복을 입고 어떻게 화장실을 갈까요?

읍....

우주복 안에는 소변을 저장하는 장치와 기저귀가 있어서 그냥 볼일을 본답니다.

뿌직.

➔ 태양

우주 왕복선 space shuttle

우주 공간과 지구를 왔다 갔다 할 수 있는 우주선

우주 탐사선이나 인공위성은 한 번 쓰면 다시 쓰지 못합니다. 그렇지만 우주 왕복선은 우주 공간에 있는 우주 정거장과 지구를 몇 번 오갈 수 있어요. 우주 비행사와 많은 물건들과 재료를 우주 정거장까지 운반해요.

우주 왕복선

1981년 미국항공우주국(NASA, '나사'라고 해요)에서 발사한 최초의 우주 왕복선 '컬럼비아'호예요.

➜ 우주 정거장, 인공위성

우주 정거장 space station

지구 궤도를 돌고 있는 우주 기지

과학자들은 우주 정거장에 살면서 과학 실험을 할 수 있어요. 먼 우주로 떠나는 우주선의 연료를 중간에 공급해 주는 곳이기도 해요. 최초의 우주 정거장은 1971년 발사된 러시아의 살류트예요. 지금의 국제 우주 정거장(ISS, International Space Station)은 1993년 미국, 러시아, 캐나다를 비롯한 16개국이 건설을 결정해 1998년부터 구조물을 조립해 만들었어요. 2000년부터 우주 비행사들이 국제 우주 정거장에 갔으며, 2009년부터는 3~6개월가량 머물기도 했어요. 2015년에는 1년 동안 우주에 머무르는 프로젝트를 진행했고, 17개국 이상의 우주 비행사들이 국제 우주 정거장을 다녀갔어요. 이소연은 대한민국 최초로 우주 비행 참가자(Space Flight Participant)로서 2008년 4월 8일부터 4월 19일까지 11일간 우주를 비행하고 귀환했어요.

국제 우주 정거장 (International Space Station, ISS)

국제 우주 정거장은 땅 위 335~460km 높이에서 지구를 돌고 있어요. 크기는 가로 108.4m, 세로 74.1m, 전체 무게는 420톤이나 나가요. 모듈이라고 하는 커다란 통과 같은 것이 여러 개 연결되어 있지요. 실험을 하는 곳과 우주 비행사들이 생활하는 곳이 있어요. 태양 전지판으로 빛을 모아 전기를 만들어서 우주 정거장에 있는 장비와 기계들을 움직여요.

우화 emergence

애벌레나 번데기가 껍질을 벗고 어른벌레가 되는 것

잠자리의 애벌레가 물 위에 나와서 잠자리가 되고, 누에가 고치 속에서 번데기가 된 다음 나방이 되어 나오는 것을 말해요.

운반 작용 transportation

물이나 바람이 흙, 모래, 돌 따위를 나르는 작용

강물은 돌과 흙을 계곡에서 강 아래로 날라요. 바람이 불면 작은 모래와 흙이 다른 곳으로 날려 가요. 운반 작용으로 돌과 흙은 다른 곳으로 갈 수 있어요.

운석 meteorite

유성이 다 타지 못하고 땅에 떨어진 것

대부분의 유성은 작고, 대기에서 모두 타서 재가 돼요. 그러나 큰 유성은 대기를 뚫고 지구에 떨어지는데 큰 운석은 구덩이가 생겨요. 떨어진 운석은 암석 덩어리 운석과 철 덩어리 운석이 있지요.

철 운석

이 사진은 남극 대륙에서 발견된 철 운석이에요.

➜ 대기, 운석 구덩이, 유성

운석 구덩이 meteorite crater

운석이 땅에 떨어져 생긴 자국

유성 중 큰 것은 다 타지 못하고 땅에 떨어져 구덩이가 남아요. 분화구처럼 생겼어요.

운석 구덩이(미국 애리조나)

➜ 운석, 유성

원사체 protonema

이끼나 고사리 같은 식물의 홀씨가 싹튼 뒤 실 모양으로 자란 것

꽃이 피는 식물은 씨로 번식하지만 이끼와 고사리 같은 민꽃식물은 홀씨(포자)로 번식해요. 온도와 물기가 적당해지면 땅에 떨어진 홀씨에서 싹이 터요. 그런데 이 싹은 실같이 생겼답니다. 그래서 원사체라 하기도 하고, 사상체라 하기도 해요. 원사체는 물과 이산화탄소와 햇빛을 받아들여 광합성을 해요.

➜ 광합성, 식물, 이산화탄소, 홀씨

원심력 centrifugal force

원운동을 하고 있는 물체가 바깥으로 나가려는 힘

자동차가 곡선도로에서 회전할 때 차에 탄 사람이 바깥쪽으로 밀려나는 것처럼 느끼는 것은 이 힘 때문이에요. 구심력과 크기는 같고 방향은 반대예요. 원의 중심에서 멀어지려는 방향으로 작용해요.

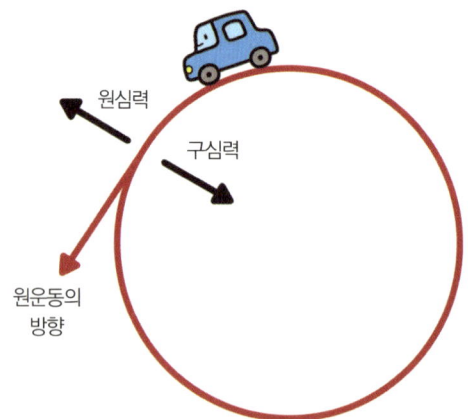

➜ 관성, 구심력

원자 atom

원소로서의 성질을 가진 기본 입자

원자는 원래 더 이상 쪼갤 수 없는 알갱이라는 뜻이었으나, 과학이 발달하면서 원자는 더 작은 알갱이로 나눌 수 있다는 것을 알게 되었어요. 원자는 크게 양성자, 중성자, 전자로 되어 있으며, 더 작은 알갱이로 나눌 수 있답니다.

원자의 구성 입자

구성 입자		질량(g)	전기적 성질
원자핵	양성자	1.6×10^{-24}	+
	중성자	1.6×10^{-24}	중성
전자		9.1×10^{-28}	−

→ 전자

원자력 발전 nuclear power generation

원자력을 이용해 전기를 얻는 것

우라늄 핵이 분열할 때 우라늄 핵의 질량이 줄어들어요. 질량이 줄어든 만큼 열 에너지가 생기고, 그 열로 물을 끓일 때 나오는 수증기의 힘으로 전기를 만들어요. 우라늄은 핵폭탄을 만들 때도 쓰는데, 원자력 발전은 핵폭탄이 아주 천천히 조금씩 터지도록 조절해서 그 에너지로 전기를 생산하는 것이에요.

→ 에너지, 우라늄, 전기

월식 luner eclipse

달의 일부나 전체가 지구의 그림자에 가려 보이지 않는 현상

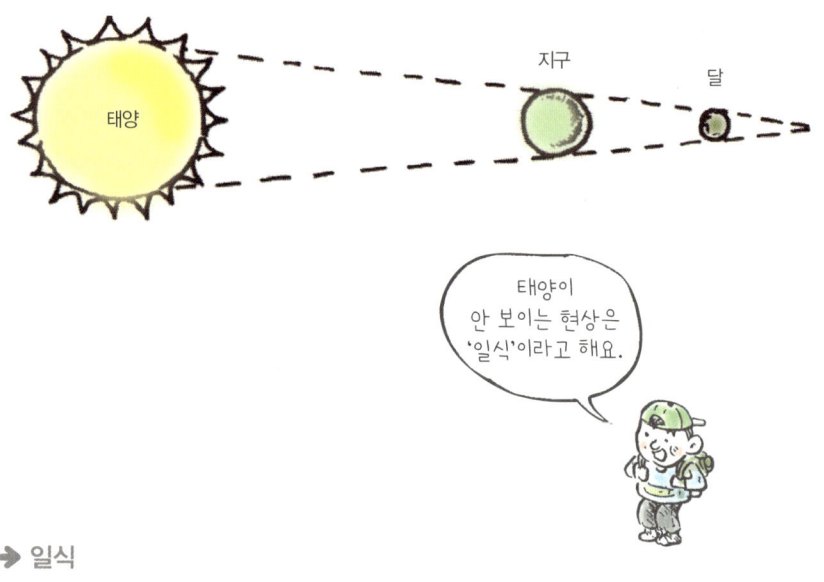

태양이 안 보이는 현상은 '일식'이라고 해요.

➜ 일식

위 stomach

식도와 소장 사이에 있는 주머니 모양의 소화 기관

위산과 소화액을 내보내 단백질을 분해하는 곳이에요. 위는 음식물을 뒤섞어서 걸쭉한 죽처럼 만들어요. 위산은 세균을 죽이고 소화액의 활동을 도와줘요.

➜ 단백질, 세균, 소화

위도와 경도 latitude and longitude

지구 위의 어떤 장소나 위치를 나타내는 좌표

위도는 적도를 기준으로 해서 남쪽과 북쪽의 위치를 나타내고, 경도는 그리니치 천문대를 기준으로 해서 동쪽과 서쪽의 위치를 나타냅니다. 서울 시청의 좌표는 37°33'58.87"N 126°58'40.63"E(북위 37도 33분 58.57초, 동경 126도 58분 40.63초)예요.

위도와 경도

그리니치 천문대(영국)

위성 satellite

행성 둘레를 돌고 있는 천체

위성이 있는 행성도 있고 위성이 없는 행성도 있습니다. 지구의 위성은 달입니다. 사람이 만들어 올려 보낸 것은 인공위성이라고 해요.

➜ 인공위성, 행성

유기물 organic compounds

생명체를 이루는 화합물이자 생명체가 만든 화합물

생물에서 얻은 것을 유기물, 광물에서 얻는 것을 무기물이라고 해요.

➜ 광물, 무기물

유리 glass

규사(모래)나 석영을 녹여 만든 비결정성 고체

유리는 투명하고 단단하지만 쉽게 깨진답니다. 모래(규사)에 탄산나트륨을 넣고 불을 때면 유리를 얻을 수 있어요. 이 유리를 소다 유리라고 해요. 순수한 수정 가루를 높은 온도에서 녹여 만든 유리를 석영 유리라고 해요. 석영 유리는 단단하며 뜨거워도 잘 견디고 쉽게 깨지지 않지만, 소다 유리는 뜨거우면 금방 녹거나 쉽게 깨져요.

유리 만드는 과정

❶ 규사, 소다회, 석회석 등의 원료를 섞습니다.
❷ 섞은 원료를 넣습니다.
❸ 불꽃을 가열하면 녹아서 순유리가 됩니다.
❹ 녹은 유리를 롤러로 끌어올립니다.
❺ 얇게 늘이면서 천천히 식힙니다.
❻ 판유리가 됩니다.

모래에서 유리를 만든다고요?

옛날에 페니키아 사람들이 소다를 배에 싣고 가다가 베르스 강변의 모래밭에서 잠깐 쉬어 갔어요. 선원들이 밥을 해 먹으려고 불을 지필 준비를 하는데 그곳에는 모래뿐이어서 냄비를 걸칠 돌이 없었답니다. 할 수 없이 소다 덩어리를 몇 개 가져와 그 위에 냄비를 걸치고 모닥불을 피웠지요. 그런데 냄비 밑의 불 속에서 투명한 액체가 흘러나오는 것이었어요. 그것은 불의 열기가 소다와 모래에 작용해서 생긴 유리였답니다. 이렇게 해서 소다와 모래를 섞어서 불을 때면 유리를 얻을 수 있다는 걸 우연히 알게 되었다고 해요.

《에피소드 과학사》 중에서

➜ 고체

유성 meteoroid

혜성이나 소행성 등이 지구의 대기권으로 들어와 빛을 내며 타는 것

별똥별이라고도 해요. 유성은 지구 중력 때문에 끌려 들어오면서 대기와 마찰을 일으켜 빛을 내며 타요. 유성이 빛을 내는 시간은 눈 깜짝할 사이예요. 유성의 크기는 작은 먼지부터 큰 돌덩이에 이르기까지 아주 다양하답니다.

유성

아, 유성이란 대기권에 들어와 탈 때 생기는 빛이구나!

➔ 소행성, 혜성

유전 heredity

부모의 생김새나 성질이 자식에게 전해지는 현상

멘델은 완두를 이용한 연구에서 유전 법칙을 발견하여, 유전이 일정한 법칙에 따라 이루어진다는 것을 알아내었어요. 또 유전이 일어나려면 부모에게서 자식에게 유전자가 전달되어야 해요. 디엔에이(DNA)와 아르엔에이(RNA)가 유전자예요. 유전자에는 부모의 생김새와 성질에 관한 정보가 들어 있어요.

➡ 디앤에이(DNA)

유전 공학 genetic engineering

세포에서 유전자를 꺼내어 자르고 붙여 꼴을 바꾸고 옮기는 기술

사람 세포에서 인슐린을 만드는 유전자를 꺼내어 세균에 넣어 주면 세균은 당뇨병 치료에 필요한 인슐린을 만들어요. 오늘날 당뇨병 환자에게 쓰이는 인슐린은 유전 공학으로 탄생한 세균이 만든 것이랍니다. 유전 공학의 발달로 식물이나 동물에서 약으로 쓸 수 있는 물질을 얻을 수 있고, 비타민이 들어 있는 쌀, 콜레라를 치료하는 감자, 우울증에 좋은 토마토 같은 것도 만들어지고 있어요.

➡ 생명 공학, 세균, 세포, 유전자

유전자 gene

유전 형질을 결정하는 인자

유전자는 스스로 똑같은 것을 만들어 자손에게 전해 줘요. 디엔에이(DNA) 유전자는 암호로 되어 있고, 이 유전 암호는 전사와 번역이라는 과정을 거쳐 단백질 구조를 결정해요. 그리고 단백질의 구조에 따라 유전 형질이 겉으로 드러나요.

➜ 단백질, 디엔에이(DNA), 유전, 형질

유전자 변형 생물 GMO : Genetically Modified Organism

생산성과 상품의 질을 높이기 위해 본래의 유전자를 변형시킨 생물

인간이 다른 생물의 유전자를 결합해 새로 만든 생물을 말해요. 약이나 식량을 만들고 생산성과 상품의 품질을 높이려고 이러한 생물을 만들어요. 유전자 변형 생물은 영양이 많은 식품이나 치료약, 공업용 물질을 만들기도 해요. 하지만 유전자 변형 생물이 만든 식품을 오랫동안 먹었을 때, 인간에게 해로울 수 있다는 걱정 때문에 사람들은 유전자를 변형시켜 만든 식품을 싫어하지요. 그리고 유전자 변형 생물 때문에 생태계가 어지럽혀질 위험도 있어요.

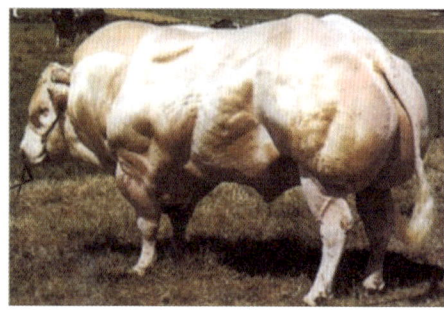

돌연변이 젖소

옥수수

➜ 유전자

유화제 emulsifying agent

서로 섞이지 않는 액체들이 잘 섞이도록 도와주는 물질

물과 친한 부분과 기름과 친한 부분을 모두 가지고 있는 물질이에요. 비누와 합성세제가 그래요. 비누나 합성세제는 물과 기름때가 서로 잘 만나도록 해서 옷에 붙은 때를 없애도록 도와줘요. 고소한 맛을 내는 마요네즈를 만들 때 물과 기름이 잘 섞이도록 하는 유화제로 달걀 노른자를 씁니다.

➜ 단백질

육풍 land breeze

육지에서 바다 쪽으로 부는 바람

해가 지면 바다보다 땅이 먼저 식어요. 차가운 육지 쪽에 고기압이 만들어지고 바람은 육지에서 바다 쪽으로 불어요.

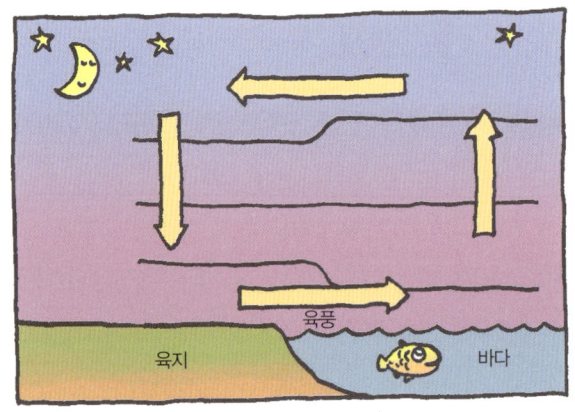

➜ 고기압, 해풍

이끼 moss

습기가 많은 곳에서 자라는 뿌리가 없는 식물

이끼는 엽록체가 있어 광합성을 하고 홀씨로 번식해요. 줄기와 잎이 구별되는 것과 줄기와 잎이 구별되지 않는 것이 있어요.

우산이끼

➜ 광합성, 엽록체, 홀씨

이산화탄소 carbon dioxide

탄소와 산소가 결합하여 만든 기체(CO_2)

색과 냄새가 없어요. 탄소가 들어 있는 물질이 완전히 탈 때나, 생물이 숨을 쉬거나 발효할 때 생겨요. 공기보다 1.5배 무거워요. 공기 중에 0.03%쯤 들어 있고, 식물이 영양분을 만드는 광합성에 쓰이는 중요한 물질이에요. 탄산음료를 마실 때 톡 쏘는 맛을 내는 것도 이산화탄소입니다. 드라이아이스도 이산화탄소로 만들지요.

➜ 광합성, 드라이아이스, 산소, 탄소

이암 mudstone

진흙이 퇴적 작용을 받아 형성된 암석

모래보다 고운 가루로 된 진흙이 굳어서 된 암석입니다. 만져 보면 사암보다 매끄러워요.

이암

이온 ion

원자, 또는 원자 여러 개가 모인 것이 전하를 띤 것

중성인 원자나 원자 여러 개가 모인 것이 전자를 잃어 (+)전하를 띠면 양이온, 전자를 얻어 (-)전하를 띠면 음이온이라고 해요.

> **이온수(ionic water)란?**
> **여러 가지 이온들이 들어 있는 물**
> 물속에 녹아 있는 여러 가지 이온 중에는 우리 몸에 해로운 것도 있고, 이로운 것도 있어요. 우물물이나 약수 물에도 많은 이온이 녹아 있으므로 이온수라고 할 수 있지요. 이온 정수기라는 것은 우리 몸에 해로운 이온은 없애고 이로운 이온이 많이 들어 있게 만들었다는 뜻이랍니다.

➔ 원자, 전자, 전하

인공위성 earth satellite

사람이 만든 위성으로, 지구 주위를 돌고 있는 것

사람이 필요해서 만들고 로켓으로 하늘로 쏘아 올린 위성이에요. 지구의 천연 위성은 달이지요. 인공위성도 달과 같이 지구 둘레를 돌고 있어요. 지구 환경 관찰, 우주 과학 실험, 텔레비전 방송, 날씨 관찰에 도움을 주고 있어요. 방송 위성 덕분에 독일에서 하고 있는 축구를 우리나라에서도 같이 볼 수 있어요. 지피에스(GPS) 위성 덕분에 선박, 비행기, 자동차나 사람의 위치도 알 수 있지요.

우주 쓰레기가 될 수도 있어요!

현재 지구 위를 떠도는 물체 중에서 지름이 10cm 이상인 것이 약 29,000개나 된다고 해요. 크기가 1cm가 넘는 물체는 무려 60만 개가 넘는 것으로 예상되며, 이 중에서 1,800개 정도가 지금도 활동하고 있는 인공위성입니다. 인공위성이 고장 나면 우주왕복선이 지구로 가지고 와서 고치기도 합니다. 그러나 돈이 많이 들기 때문에 고장 나지 않도록 잘 만드는 게 더 중요하지요. 또 작은 파편이 생기지 않도록 잘 만들어야 한답니다. 우주를 인공위성의 쓰레기장으로 만들 수는 없으니까요.

➜ 위성

일식 solor eclipse

달이 태양을 가려 태양의 일부나 전체가 안 보이는 현상

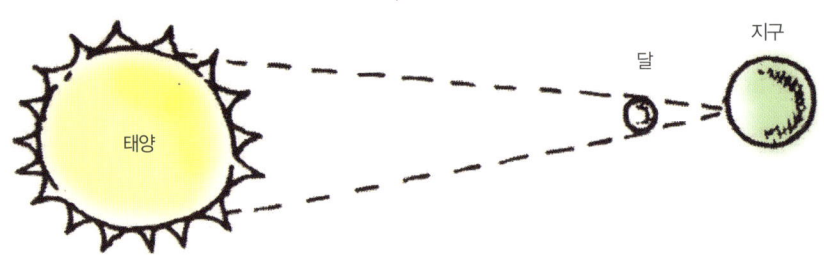

일식의 종류

개기 일식　　　부분 일식　　　금환식

반대로 달이 안 보이는 현상은 '월식'이라고 해요.

➜ 달, 월식, 태양

잎 leaf

광합성을 하는 식물의 기관

잎은 잎몸과 잎맥, 잎자루, 턱잎으로 되어 있어요. 잎자루는 잎몸과 줄기를 연결하고 턱잎은 어린 싹을 보호하는 일을 하지요. 광합성과 증산 작용이 일어나는 곳이에요.

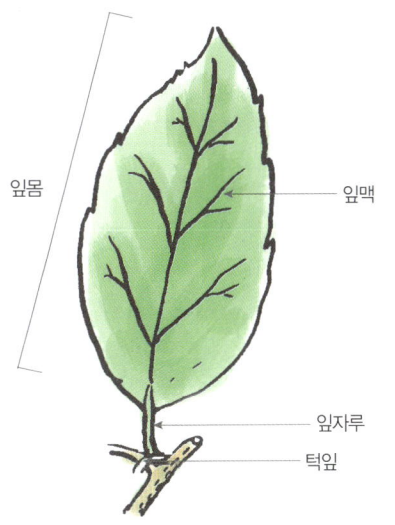

광합성은 뭔가요?
식물의 잎이 햇빛을 받아 녹말과 같은 양분을 만들고 산소를 내보내는 일을 하는 거예요.

증산 작용이 뭐예요?
식물 속의 수분이 밖으로 나와서 수증기가 되는 거예요.

➜ 광합성, 식물

잎차례

잎이 줄기에 붙어 있는 모양

잎차례는 식물마다 달라요. 보통 마주나기, 돌려나기, 어긋나기, 뭉쳐나기로 구분해요. 식물을 분류하고 알아보는 데 중요한 구실을 해요.

➜ 식물

훌륭하고 영감 있는 모든 것은 자유로운 상태에서 열심히 노력하는 사람이 창조한 것이다.
_ 알베르트 아인슈타인

자격루

장영실과 김빈이 세종의 명령을 받아 만든 물시계

파수호, 수수호, 부전 그리고 자동 시보 장치로 이루어져 있어요. 파수호와 수수호는 물항아리예요. 물이 차서 가는 막대인 부전이 뜨면 쇠구슬이 굴러 나와요. 구슬이 떨어지면 인형이 나와 종과 북, 징을 쳐서 시간을 알려 줘요. 조선 세종 16년에 만들었어요.

자격루(서울 정동)

고대 이집트에서도 '클렙시드라'라는 물시계를 만들었대요.

자극 stimulus

생물의 움직임을 일으키는 모든 변화

손등을 바늘로 찌르는 것, 누르는 것, 더워지는 것, 차가워지는 것, 빛의 양이나 세기, 바람의 양이나 세기, 소리의 양이나 세기, 몸이 기울어지는 것, 몸이 도는 것, 냄새의 변화, 맛의 변화 따위가 모두 자극이지요.

자기 부상 열차 magnetic levitation train

자기력으로 레일 위에 뜬 채로 달리는 열차

철로와 기차가 서로 닿지 않으므로 소음과 진동이 매우 적고, 빠른 속도로 달릴 수 있어 새로운 초고속 열차로 개발되고 있어요. 열차가 떠 있는 방법은 같은 극의 자석끼리 서로 밀어내는 힘을 이용한 거예요.

자기 부상 열차(타이완)

2016년부터 우리나라에서도 자기 부상 열차를 운행하고 있어요!

➜ 자기력

자기력 magnetic force

자석이 끌어당기고 미는 힘

자석에 가까이 갈수록 자기력은 커져요. 자기력에는 끌어당기는 힘(인력)과 미는 힘(척력)이 있지요. 같은 극끼리(N극과 N극 또는 S극과 S극)는 서로 미는 힘이 작용해요. 다른 극끼리(N극과 S극)는 서로 끌어당기는 힘이 작용해요. 전자석을 이용하면 매우 큰 자기력을 얻을 수 있어요.

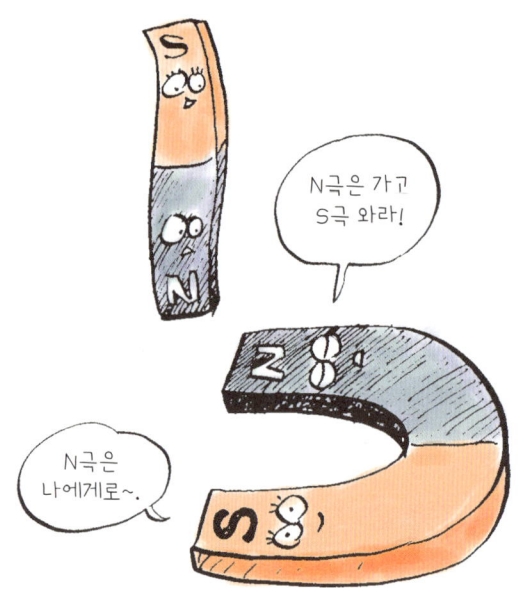

➜ 전자석

자기장 magnetic field

자기력이 작용하는 공간

자기장은 눈에 보이지 않아 자기력선을 그려서 나타내지요. 자석의 N극에는 자기력선이 나오도록 그리고 S극에는 자기력선이 들어가도록 그려요. 전류가 흐르는 도선 근처에도 자기장이 생겨요.

도선이 뭐지?

전류가 흐르는 가느다란 금속이야.

➡ 자기력

자성 magnetic property

물질이 가지고 있는 자석의 성질

자성의 세기에 따라, 강자성, 상자성, 반자성 물질로 나눌 수 있어요. 강자성은 자석에 매우 잘 붙는 성질이고, 상자성은 자석에 겨우 붙거나 붙지 않는 성질입니다. 반자성은 자석에 붙지 않고 약하게 밀리는 성질인데 물과 공기를 제외한 대부분의 기체들이 이 성질을 가지고 있어요.

강자성 물질	상자성 물질	반자성 물질
철, 니켈, 코발트	알루미늄, 주석, 백금, 산소	금, 은, 구리, 대부분의 기체

자외선 ultraviolet rays

가시광선의 보랏빛보다 바깥쪽에 나타나는, 눈에 보이지 않는 빛

자외선은 피부를 그을리게 하고, 세균을 죽일 수 있어 소독할 때도 써요. 하지만 강한 자외선은 피부암을 일으키기도 해요.

➡ 가시광선, 세균

자유 전자 free electron

물질 내에서 자유롭게 움직일 수 있는 전자

물질 내에서 원자핵에 붙잡혀 있지 않고 움직일 수 있는 전자를 말해요. 텔레비전 브라운관은 음극에서 나오는 자유 전자를 조절하여 화면을 만들어 내지요. 전기가 잘 흐르는 금속은 자유 전자가 많은 도체이고, 전기가 잘 흐르지 않는 부도체는 자유 전자가 거의 없어요.

➜ 도체, 부도체, 분자, 원자, 전자

자철광 magnetite

자철석, 자석처럼 자성을 가지는 철 광물의 하나

검은색을 띠고 강한 자성을 띠는 천연 자석이에요. 순수한 자철광은 약 72%가 철이어서 철을 생산할 때 많이 사용해요.

자화 magnetization

물체에 자석의 성질을 갖게 하는 것

자석에 바늘을 붙이면 바늘도 자석이 되어 그 끝에 다른 바늘이 붙어요. 직류 전류가 흐르는 코일 속에 바늘을 넣어도 바늘은 자석이 돼요. 이런 방법으로 자석을 만들어요.

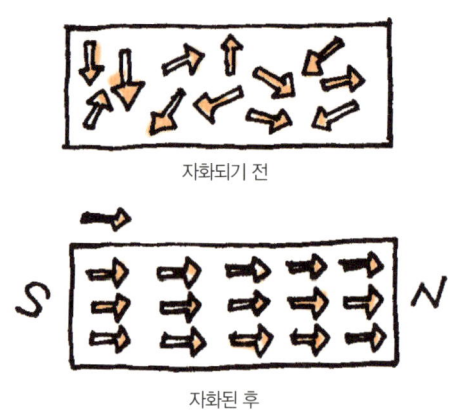

자화되기 전

자화된 후

➜ 전류, 직류

잡종 hybrid

어떤 형질을 나타내는 대립 유전자가 다른 경우

완두의 모양을 결정하는 유전자는 둥근 유전자와 주름진 유전자가 있어요. 둥근 유전자끼리만, 또는 주름진 유전자끼리만 있을 때 순종이라 해요. 둥근 유전자와 주름진 유전자가 같이 있으면 잡종이에요. 둥근 유전자끼리 있거나 둥근 유전자와 주름진 유전자가 같이 있을 때 완두는 둥근 모양을 나타내요. 주름진 유전자끼리 있으면 주름진 완두가 돼요.

➜ 순종, 유전자, 형질

저기압 low atmospheric pressure

주위보다 기압이 낮은 곳

저기압 둘레에서는 바람이 반시계 방향으로 불어 들어와요. 모여든 공기는 위로 올라가 구름을 만들게 되고 날씨가 흐려져요.

➔ 고기압, 구름, 기압

적외선 Infrared rays

가시광선의 붉은색 바깥쪽에 있어서 우리 눈에 보이지 않는 빛

파장이 길어 피부 속으로 깊숙이 파고들어 아픈 부분을 치료해 줘요. 여러 가지 경보기나 자동문의 감지 장치로도 쓰여요.

> 리모컨은 어떻게 텔레비전을 켜고 끄고 할 수 있지?

> 우리 눈에는 보이지 않지만 리모컨에서 적외선으로 명령이 가기 때문이야!

용광로 안의 온도는 어떻게 잴까요?

아무리 뜨거운 물이라도 100℃를 넘지 않으므로 일반 온도계를 사용하면 잴 수 있어요. 하지만 멀리 떨어져 있는 물체이거나 물체의 온도가 1800℃에 가까운 용광로의 온도를 알려면 적외선 온도계를 이용합니다. 적외선 온도계는 멀리 떨어져서 한 번 발사하기만 하면 바로 물체의 표면 온도를 알려 줍니다.

➔ 가시광선

전극 electrode

전기가 흐르도록 만든 두 개의 도체판

도체판에는 보통 양극과 음극이 있어요. 전지에서 두 극에 도선을 연결했을 때 양전하가 흘러나오는 극을 양극(+극), 양전하가 흘러들어가는 극을 음극(-극)이라 해요.

➔ 도체, 전기, 전지

전기 electricity

전하를 띤 물질이 가지는 성질이나 현상

음전기와 양전기 두 가지가 있는데, 같은 종류의 전기는 밀어내고 다른 종류의 전기는 끌어당기는 힘이 있어요.

최초의 전기는?

기원전 600년경 그리스의 탈레스는 호박(송진 같은 나무의 액이 돌처럼 딱딱하게 굳어진 것)을 마찰하면 주변의 먼지나 머리카락이 달라붙는 것을 알고 있었어요. 이것이 전기에 대한 최초의 발견이었어요. 오늘날 '정전기'라고 말하지요.

→ 전하, 정전기

전기 회로 electrical network

전류가 흐르는 통로

회로는 저항, 코일, 전자, 전선 따위의 부품으로 이루어져 있어요. 사용하는 전원에 따라 직류 회로와 교류 회로로 나누어요. 회로를 이루는 부품을 여러 가지 기호로 나타내고 부품들의 연결을 그림으로 나타낸 것을 전기회로도라고 하지요.

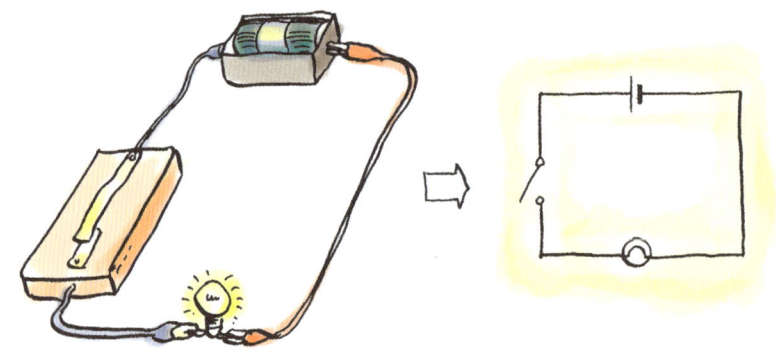

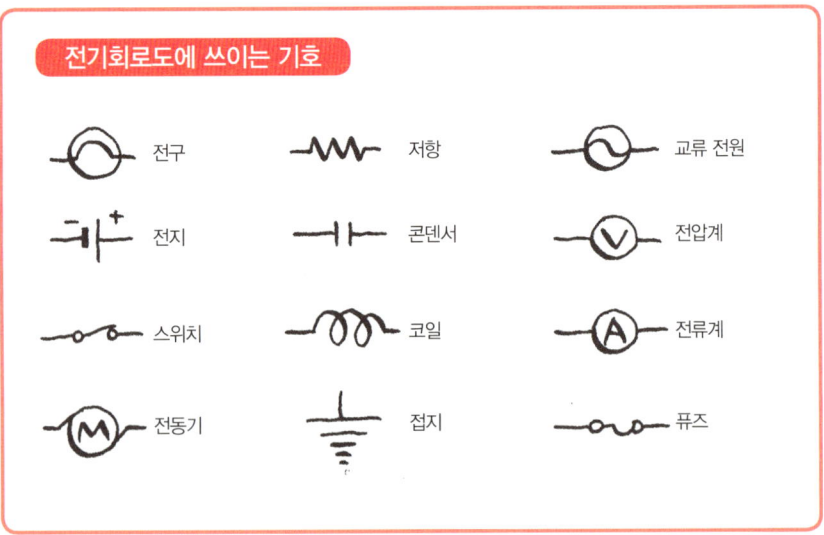

→ 교류, 전기, 전류, 전자, 직류

전도 conduction

서로 닿아 있는 물체에서 열이 직접 전달되는 현상

열이 전달되는 세 가지 현상 중 하나예요. 도체인 금속은 전도가 빠르고, 부도체인 나무는 전도가 느려요. 액체와 기체는 고체보다 전도가 매우 느려요. 주전자나 냄비의 손잡이로 나무나 플라스틱을 쓰는 이유도 전도가 느려서 쉽게 뜨거워지지 않기 때문이지요.

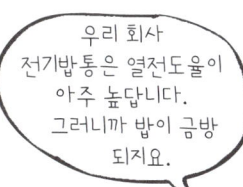

➜ 금속, 도체, 부도체

전동기 electric motor

전류가 흘러 중심축이 빙빙 도는 기계

전류가 흐르는 코일의 자기장과 자석의 자기장이 만나 서로 당기고 미는 힘으로 중심축이 빙빙 돌아요. 모터라고도 해요.

전동기의 구조

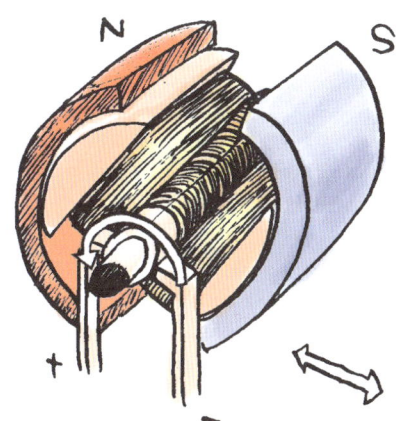

➜ 자기장, 전류

전력 electric power

1초 동안 쓰는 전기 에너지의 양

전력의 단위는 와트(W) 또는 킬로와트(kW)입니다. 1W는 1A(암페어)의 전류가 1V(볼트)의 전압이 걸린 곳을 흐를 때 소비되는 전력의 크기예요. 실생활에서는 1초 동안 쓴 전기 에너지인 전력보다 한 달 동안 쓴 전기 에너지의 양을 조사해요. 그래서 전력에다 사용 시간을 곱한 전력량을 조사해서 전기 요금을 정한답니다.

➔ 전류, 전압

전류 electric current

전하의 흐름

양전하가 흐르는 방향이 전류의 방향이에요. 전류의 세기를 나타내는 단위는 A(암페어)라고 해요.

➔ 전하

전류계 ammeter

전기 회로의 직류 또는 교류 전류의 세기를 측정하는 기구

자기장 속에서 코일에 흐르는 전류가 받는 힘의 크기를 눈금으로 표시하여 전류의 세기를 나타내요. 전류계는 직류 전류계와 교류 전류계가 있어요. 전류계를 사용할 때는 회로에 직렬로 연결해서 써야 돼요.

➔ 교류, 자기장, 전류, 직류

전압 voltage

전류를 흐르게 하는 것

전압이 클수록 전류가 더 많이 흘러요. 가정용 전기 제품의 전압은 110V나 220V를 쓰는데, 우리나라 가정에는 220V를 써요. 전압의 세기를 나타내는 단위는 V(볼트)라고 해요.

➜ 전류

전압계 voltmeter

전압의 크기를 측정하는 기구

전압을 측정하려면 전기회로에서 저항에 병렬로 연결해야 합니다. 직류전압계와 교류전압계가 있어요.

➜ 교류, 전압, 직류

전압계

전원 electric power source

전기 에너지를 공급하는 것

직류를 공급하는 직류 전원으로 전지가 있고, 교류를 공급하는 교류 전원으로 발전소가 있어요. 플러그를 꽂는 콘센트 같은 것도 전원이에요.

밤이 깊었다.
전원 스위치를 끄마.
얼른 자라.

➜ 교류, 직류

전자 electron

음(-)의 전하를 띤 매우 작은 입자

원자는 양의 전하를 띤 원자핵과 음의 전하를 띤 전자로 이루어져 있어요. 전자 중에서 자유롭게 움직일 수 있는 것이 있어요. 전자가 움직이면서 여러 가지 일을 할 수 있는데, 이것을 전기 에너지라고도 합니다.

➜ 에너지, 원자, 전기, 전하

전자기파 electromagnetic wave

전자기장이 퍼져 나가는 파동

전하가 빠르게 진동하거나 전류가 진동할 때 생겨요. 퍼져 나가는 공간에 영향을 미치면서 빛과 같은 속도로 퍼져 나가요. 파장에 따라 여러 가지로 나누어요. 전자파라고도 해요.

➜ 전류, 전하, 파동, 파장

전자석 electromagnet

전류가 흐를 때 자성을 가지는 것

원통 모양의 철심에 전선으로 코일을 감아 만든 것이 가장 간단한 전자석이에요. 전류가 많이 흐를수록, 코일을 감은 횟수가 많을수록 강한 전자석이 되고, 전류가 흐르는 방향에 따라 자석의 N극과 S극이 결정되지요.

➜ 자성, 전류

전지 cell

화학 에너지를 전기 에너지로 바꾸는 장치

이온화가 되는 정도가 다른 두 금속을 전해질에 넣으면 이온화가 잘되는 금속에서 잘 안 되는 금속으로 전자가 이동하는 원리로 전기 에너지를 만들어요. 전지에는 한 번 쓰고 버려야 하는 1차 전지와 다시 충전해서 쓸 수 있는 2차 전지가 있어요.

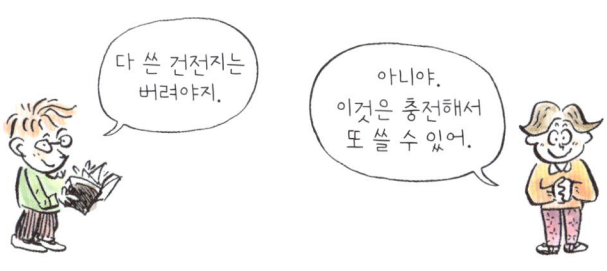

➔ 에너지, 이온, 전기

전파 망원경 radio telescope

지구 밖에서 오는 전파를 관측하는 망원경

우주의 여러 천체들이 발생한 전파를 관측해 그 성질을 밝혀요. 눈에 보이지 않지만 여러 종류의 천체에서 지구로 오는 전파를 전파 망원경으로 포착하여 천체의 특징을 연구해요.

➔ 망원경, 전파

전하 electric charge

물체에 전기를 띠게 하거나 전하 현상을 나타내는 것으로 (+)전하와 (-)전하가 있음

중성인 물체가 전자를 잃으면 (+)전하가 되었다고 하고, 전자를 얻으면 (-)전하가 되었다고 해요. 같은 부호의 전하 사이에는 미는 힘이, 다른 부호의 전하 사이에는 끌어당기는 힘이 생겨요.

➜ 물체, 전기

전해질 electrolyte

가열하거나 물에 녹이면 이온으로 되어 전류를 통하는 물질

전해질이 물에 녹으면 전하를 띤 입자인 이온이 만들어져 전류가 잘 통하게 돼요. 소금, 황산구리, 암모니아, 염화수소 따위가 전해질이에요.

➜ 암모니아수, 이온, 전류, 전하, 황산구리

절지동물 Arthropoda

껍질과 마디가 있는 동물

몸과 다리에 마디가 있어요. 몸은 딱딱한 껍질로 싸여 있어요. 껍질은 몸을 보호하고 몸속의 물기가 달아나는 것을 막아 주어요.
곤충, 거미, 게, 새우, 지네 따위가 절지동물이에요. 지금까지 10만 종 이상이 알려져 있어요.

타란튤라

➜ 곤충, 동물

점성 viscosity

어떤 물질이 끈적이는 정도

점성이 클수록 더 끈적이므로 잘 흐르지 않아요. 그리고 같은 물질이라도 온도가 높아질수록 점성은 작아져요. 기체는 액체보다 잘 퍼지므로 점성이 작다고 하지요.

정맥 vein

심장으로 향하는 혈액이 흐르는 혈관

정맥을 흐르는 피는 어두운 빨간색을 띠며, 이산화탄소를 많이 품고 있어요. 그러나 폐정맥을 흐르는 피는 산소를 많이 품고 있어 밝은 빨간색을 띠어요. 정맥 속에는 혈액이 거꾸로 흐르는 것을 막기 위해 곳곳에 판막이 있어요.

➜ 동맥, 심장, 이산화탄소, 혈관, 혈액

정자 sperm

수컷의 생식 세포

정자는 꼬리가 있어 운동할 수 있어요. 난자보다 매우 작아요. 정자는 머리, 중편, 꼬리로 이루어져 있고 머리에는 핵이 있어요. 이 핵 속에 수컷의 유전자가 들어 있지요. 중편에는 미토콘드리아가 있어요. 미토콘드리아는 꼬리를 움직이는 에너지를 만들어요. 꼬리는 운동 기관이에요. 정자가 난자까지 갈 수 있는 것도 꼬리의 움직임 때문이에요.

➜ 난자, 생식 세포, 에너지

정전기 static electricity

움직이지 않는 전기

마찰로 생긴 전기를 말해요. 건조한 겨울에 스웨터를 벗거나 자동차의 문 손잡이를 잡다가 찌릿함을 겪었을 거예요. 쌓여 있던 정전기가 짧은 순간에 흘렀기 때문이지요. 정전기를 이용한 기구로 복사기가 있어요.

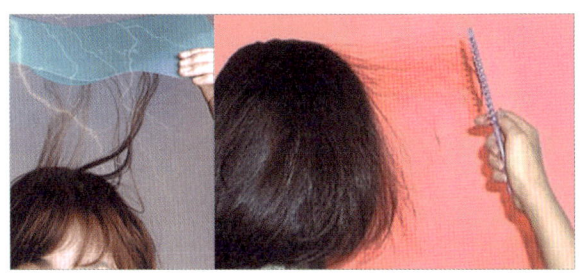

정전기 현상

➜ 전기

정전기 유도 electrostatic induction

도체에 전기를 띤 물체를 가까이 가져갔을 때 전하가 유도되는 현상

어떤 물체에 전기를 띤 물체를 가까이 가져가면, 그 물체의 가까운 쪽에는 다른 종류의 전기를 띠고, 먼 쪽에는 같은 종류의 전기를 띠어 그 물체와 전기를 띤 물체가 서로 끌어당기게 됩니다. (+)전기를 띤 물체를 가까이 가져가면 그 물체의 가까운 쪽에는 (−)전기를 띠게 되어 서로 끌어당기게 되는 것이지요. 합성 섬유에 먼지가 잘 붙고, 얇은 비닐 랩으로 포장할 때 잘 붙는 것도 정전기 유도 때문이에요.

➜ 전기, 전하, 정전기

조류 birds

날개와 부리가 있고 다리가 두 개인, 온몸이 깃털로 덮인 동물

흔히 '새'라고 해요. 새의 날개는 앞다리가 변한 것이에요. 날개의 모양은 생활 방식과 날아다니는 방식에 따라 달라요. 타조처럼 날개의 기능이 퇴화한 것도 있고, 펭귄처럼 지느러미 모양으로 변한 것도 있어요. 날개와 몸은 공기의 저항을 줄이기 위해 부드러운 깃털로 덮여 있어요. 깃털의 뼈대는 비어 있어서 가볍고, 기름기를 띤 물질이 깃털을 감싸고 있어 물속에서 헤엄을 칠 때도 젖지 않아요.

백로

조암 광물 mineral

암석을 이루는 광물 중 특히 분포 비율이 높은 광물

화강암을 이루는 조암 광물은 석영, 운모, 장석이 있습니다. 광물이 모여 암석이 되고, 암석이 모여 지각이 됩니다.

➜ 광물, 화강암

암석 속에 A, B, C는 광물

종자식물 seed plant

꽃이 피고 종자가 열리는 식물

종자식물은 겉씨식물과 속씨식물로 나누어요. 겉씨식물은 밑씨가 겉으로 드러나 있고, 속씨식물은 밑씨가 씨방 속에 있어요. 소나무, 잣나무, 향나무, 은행나무가 겉씨식물이고, 장미, 무궁화, 벼, 보리가 속씨식물이에요. 꽃식물이라고도 해요.

속씨식물인 감나무

겉씨식물인 향나무

➔ 겉씨식물, 꽃식물, 속씨식물

종파 longitudinal wave

나아가는 방향과 매질이 진동하는 방향이 나란한 파동

용수철을 앞뒤로 흔들었다 놓으면 용수철의 촘촘한 상태와 성긴 상태가 용수철의 길이 방향을 따라서 생기며 나아가는 것을 볼 수 있어요. 이처럼 파동이 나아가는 방향과 진동이 일어나는 방향이 나란한 파동을 종파라고 해요. 음파도 종파고 초음파와 지진파의 P파도 종파입니다.

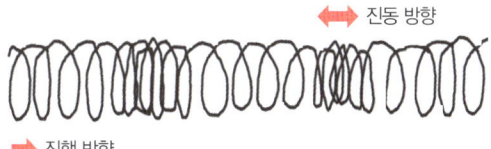

➔ 매질, 초음파, 파동

주상 절리 columnar joint

현무암이 식으면서 기둥 모양으로 갈라진 것

현무암이 바다로 흘러 들어가거나 땅에서 식으면서 갈라진 모양이에요. 육각형 기둥 모양이 많아요. 제주도에 '지삿개'라는 주상 절리 절벽이 유명합니다.

주상 절리(제주도)

➜ 현무암

줄기 stem

식물의 잎과 꽃, 열매가 붙어 있는 것

줄기는 물과 양분이 지나가는 길이에요. 줄기는 식물에 따라 다양한 모습을 하고 있어요. 나무처럼 줄기가 곧은 것도 있고 양딸기나 고구마처럼 줄기가 땅 위를 기어가는 것도 있지요. 또, 포도나 나팔꽃처럼 다른 식물이나 기둥을 감고 올라가는 것도 있어요. 한편 배추·양파·감자는 줄기에 양분을 저장하고 있어요. 감자나 양파를 뿌리로 생각하기 쉬운데 사실은 줄기가 변한 것이랍니다.

➜ 꽃, 식물, 열매

줄기 세포 stem cell

여러 가지 조직이 될 수 있는 세포

줄기 세포는 간·심장·허파와 같은 장기나 뼈·뇌·근육·피부 같은 조직으로 자랄 수 있어요. 그래서 다친 조직을 다시 만드는 치료에 쓸 수 있도록 연구하고 있어요. 적혈구·백혈구·혈소판이 될 수 있는 골수 세포도 줄기 세포예요.

➜ 뇌, 세포, 심장, 폐(허파)

중력 gravitation

지구가 물체를 끌어당기는 힘

질량을 가진 물체 사이에는 항상 서로 끌어당기는 힘인 만유인력이 작용해요. 중력은 만유인력과 지구 자전에 의한 원심력을 합한 힘이며, 보통 지구와 같은 커다란 행성이나 별이 끌어당기는 힘을 말하지요. 예를 들면 태양의 중력, 달의 중력이라고 해요. 지구의 중력을 줄여서 그냥 중력이라고 하지요.

중력의 크기는 물체의 질량에 비례해요. 지구는 완전한 구형이 아니어서 적도 지방보다 극지방에서 중력이 더 커요. 중력 때문에 자전하는 지구에서 사람들이 떨어지지 않고 살 수 있어요.

➜ 원심력, 자전, 질량, 태양

중성 neutralization

산성도 염기성도 나타내지 않는 중간 상태의 성질

수용액 중에서 수소 이온의 농도와 수산화 이온의 농도가 같아서 산성이나 염기성을 나타내지 않는 상태랍니다. 수소 이온 농도지수(pH)가 7인 상태예요. 산성 물질과 염기성 물질이 만나서 중성 상태로 되는 것을 '중화 반응'이라고 해요.

➜ 수용액, 이온

증발 vaporization

액체의 표면에서 기체로 변하는 현상

건조할 때, 바람이 불 때, 온도가 높을 때에 증발이 잘 일어나요. 고체가 증발하는 것은 승화라고 하고 액체가 기체로 되는 것은 끓음이라고 해요. 끓는 것은 액체의 내부에서도 기화가 일어나지만, 증발은 액체의 표면에서만 기화가 일어나므로 증발과는 달라요.

비 온 뒤 땅이 마르거나 젖은 빨래가 마르는 것도 모두 증발이 일어났기 때문이에요.

➜ 승화

지구 온난화 global warming

지구의 평균 기온이 올라가는 현상

지구 온난화의 가장 큰 원인은 온실 효과라고 알려져 있어요. 대기 중에 이산화탄소, 프레온 가스, 메탄 따위가 많아져 지구의 온실 효과가 커지고 지구의 온도가 점점 올라가고 있어요.

1997년 주요 선진국들은 지구 온난화 규제 및 방지를 위해 기후변화협약에 따라 교토 의정서를 채택해 2020년까지 온실가스 배출량을 5.2% 감축하기로 협의했어요. 그 후 파리 협정이 채택되어 2020년부터는 '지구 평균 온도 상승 2℃ 이하 유지'를 목표로 온실가스 배출량을 감축하는 데 동의했습니다.

➜ 온실 효과, 이산화탄소

지구자기장 magnetic field of the Earth

지구가 방출하는 자기장

지구 주위에는 왜 자기장이 생기는 걸까요? 지구 안쪽에 큰 자석이 있기 때문은 아닙니다. 지구 안쪽은 온도가 매우 높아 자력이 생길 수 없습니다. 진짜 이유는 지구 안쪽에 있는 외핵이라는 물질의 회전 때문이에요. 외핵은 철과 니켈 같은 전기가 잘 통하는 물질로 이루어졌는데, 이 물질들은 매우 높은 온도 때문에 액체 상태로 있어요. 지구 안쪽의 열기로 액체인 외핵은 대류 현상을 일으키고, 지구 안쪽에서 회전하게 되지요. 도체가 회전 운동을 하면 자기장을 만들어 내는데, 이러한 원리로 지구에 자기장이 생기며, 이것을 '다이나모 이론'이라고 해요.

자기력선은 N극에서 나와 S극으로 들어가는데 현재는 남극 쪽이 N극이고 북극 쪽이 S극이에요. 그래서 나침반의 N극이 북쪽을 가리키는 거예요.

지구자기장은 지구로 끊임없이 날아오는 온갖 해로운 방사선과 입자 등의 우주선(宇宙線)으로부터 지구를 보호하는 강력한 방패 역할을 합니다.

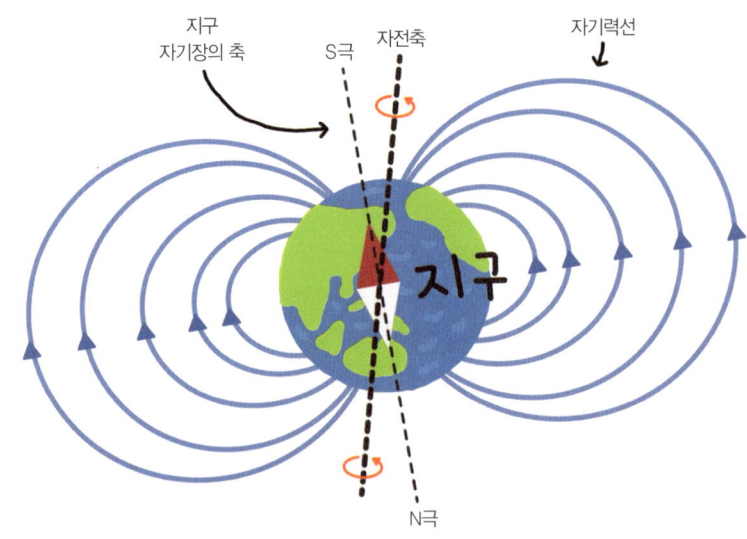

지시약 indicator

화학 반응에서 일정한 상태를 알려 주는 시약

여러 가지 지시약이 있지만 산·염기 지시약을 가장 많이 써요. 산·염기 지시약은 수소 이온의 농도에 따라 색깔이 달라지기 때문에 용액이 산성인지 염기성인지 알 수 있어요.

식물, 동물, 광물에서 얻을 수 있는 색소들 중에 산성과 염기성을 알려 주는 것을 지시약으로 쓰기도 해요. 천연 지시약이라고 하지요. 보라색 양배추나 비트, 백련초, 카레, 장미 꽃잎 따위를 지시약으로 많이 써요. pH 값이 7이면 중성, 7보다 낮으면 산성, 7보다 높으면 염기성 물질이라고 해요.

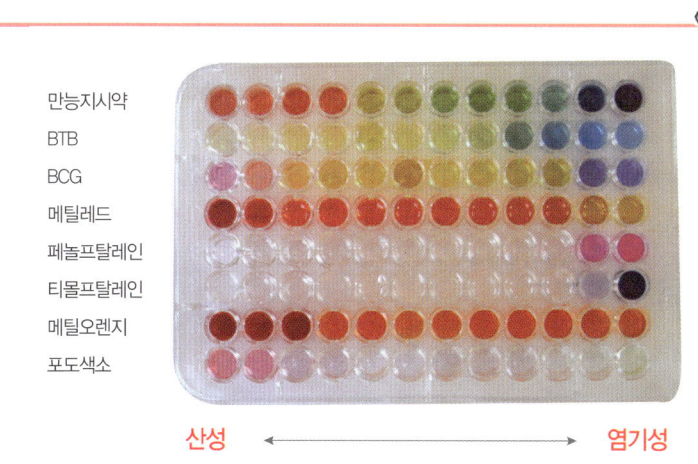

만능 지시약은 여러 가지 지시약을 섞어 용액의 성질에 따라 다양하게 색이 변할 수 있도록 만든 것이에요.

➜ 광물, 동물, 식물

지진 Earthquake

땅이 갈라지거나 흔들리는 현상

땅속에서 큰 힘을 받으면 암석 덩어리가 갈라질 수 있어요. 그 충격으로 땅이 흔들립니다. 지진은 판이 부딪히거나 어긋나 지나가는 곳이 갈라지는 곳에서 많이 생겨요.

충격으로 땅이 흔들려요. 종을 치면 소리가 사방으로 퍼져 나가듯이 그 충격 에너지가 사방으로 퍼져요.

지진의 세기는 리히터 규모로 표시해요.

지진이 자주 일어나는 나라

일본, 대만, 인도네시아, 파키스탄, 터키에서는 지진이 자주 일어나요.
왜 그럴까요? 지진이 많이 일어나는 지역은 판과 판이 만나는 곳입니다. 지구를 덮고 있는 판은 여러 개의 퍼즐 조각 같아요. 이 조각판들이 서로 부딪히고 스쳐 가는 곳에서 지진이 생겨해요.

일본은 유라시아판, 태평양판, 필리핀판이 만나는 곳에 있어요. 이 판들이 부딪혀 지진이 많이 일어나요.

2011년 일본에서 발생한 리히터 규모 9.0의 지진으로 초대형 쓰나미가 발생하여 후쿠시마 원전의 방사능 누출 사고가 일어나는 등 큰 피해를 입었어요.

지진계 seismometer

땅이 움직이는 정도를 관측하는 기계

지진이 일어나면 이 기계 장치에 움직임이 기록돼요. 지진계에 기록된 지진파의 움직임을 보고 과학자들은 지진이 어느 곳에서 일어나는지, 그리고 얼마나 강한 지진인지 알 수 있어요.

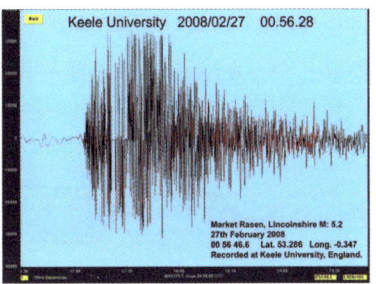

지진파

지층 stratification

여러 가지 암석이 쌓여 생긴 층

모래, 자갈, 점토 등이 쌓이고 굳어서 암석이 돼요. 이렇게 퇴적물이 쌓여 만들어진 것을 지층이라고 합니다.

시화호 지층

샌드위치 만들 때를 생각해 봐요. 빵 위에 햄, 치즈, 토마토, 양파, 양상추를 얹고 칼로 빵을 잘라 보면 예쁜 색깔의 층이 나타나지요. 지층도 마찬가지랍니다.

➜ 암석

직렬연결 series connection

저항이나 전지를 일렬로 연결한 것

같은 전지 두 개를 직렬연결하면 전압이 두 배 높아지고, 같은 저항 두 개를 직렬연결하면 저항이 두 배로 커져요.

전자의 직렬연결   전구의 직렬연결

➜ 전압, 전지

직류 direct current

언제나 일정한 방향으로 흐르는 전류

'직류 전류'를 '직류'라고 하는데 기호는 DC입니다. 전지에서 나오는 전기는 직류예요. 전지에 전선을 연결하면 전류는 언제나 양극에서 음극으로 흘러요. 가정에서 사용하는 전기는 교류인데, 전자제품을 사용하려면 교류를 직류로 바꿔 줘야 해요. 전자제품에는 교류를 직류로 바꾸는 장치가 들어 있어요.

➜ 교류, 전류, 전지

진동수 frequency

반복되는 현상에서 1초 동안 반복되는 횟수

파동에서는 1초 동안 매질의 한 지점에 마루 또는 골이 지나가는 횟수를 나타내요. 단위로 Hz(헤르츠)를 쓰고, 파장이나 전기 진동은 주파수라고 해요. 시계의 초바늘이 한 바퀴를 도는 데 60초가 걸리는데, 이 초바늘의 진동수는 $\frac{1}{60}$ Hz예요. 보통 사람은 1분 동안 대략 60번 정도 맥박이 뛰는데, 이 맥박의 진동수는 1Hz입니다.

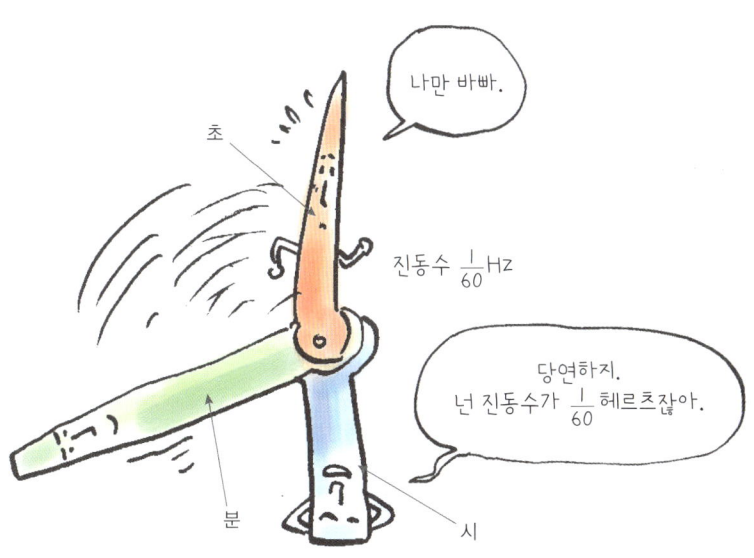

→ 매질, 맥박, 파동

진화 evolution

오랫동안 환경에 맞추어 생물의 생김새나 성질이 변하는 것

환경의 변화에 따라 한 종류의 생물이 다른 종류의 생물로 변화되는 과정을 뜻해요. 수십억 년 전부터 일어났으며 지금도 계속되고 있어요. 진화론을 주장한 과학자로는 다윈이 있어요.

영국의 박물학자 찰스 다윈은 '생물 진화의 야외 실험장'으로 불리는 갈라파고스 제도에 5주 정도 머물면서 작은 새들을 비롯해 여러 고유종을 표본으로 채집했어요. 조류학자 존 굴드로부터 갈라파고스에서 채집한 여러 마리의 작은 새들이 모두 '핀치새'라는 말을 듣고 다윈은 놀랐습니다. 어떤 핀치새의 부리는 단단한 견과를 깰 수 있도록 짧고 강했지만, 또 다른 핀치새의 부리는 틈새에 끼어 있는 먹이를 파먹을 수 있도록 길고 가늘었는데 부리가 달라 전혀 같은 종류처럼 보이지 않았기 때문이에요. 그래서 각기 다른 섬의 자연환경이 똑같은 핀치새들의 부리를 그렇게 만들었다는 사실을 알아차렸고 거기서 영감을 얻어 자연 선택에 의한 진화론을 세우고 1859년 11월 22일 '종의 기원'을 출간했습니다.

➜ 생물

질량 mass

물체가 갖고 있는 물질의 양

물체의 무거움을 나타낼 때 무게를 사용하는데, 무게는 장소에 따라 달라지지요. 질량은 양팔 저울로 달기 때문에 장소에 따라 달라지지 않아요. 예를 들어 달에 가면 사람의 몸무게는 $\frac{1}{6}$로 줄어들지만 질량은 그대로입니다. 지구에서는 무게와 질량이 별로 차이가 없기 때문에 구별하지 않고 쓰기도 해요. 질량의 단위는 그램(g), 킬로그램(kg), 톤(t)이 있습니다.

➜ 양팔 저울

질소 nitrogen

지구 공기의 78%를 차지하는 기체

생물체가 단백질을 만드는 데 필요한 원소입니다. 질소 기체는 반응을 잘 하지 않아 안정하므로 과자나 아기 분유 따위가 쉽게 변하지 않도록 포장할 때 써요.

원소 기호	N
원자 번호	7
원자량	14.0067
녹는점	−209.86℃
끓는점	−195.8℃
밀도	0.81

➜ 공기, 단백질

관찰하고 이해하는 즐거움은 자연이 인간에게 준 가장 위대한 선물이다.
_ 알베르트 아인슈타인

척추동물 Vertebrata

등뼈가 있는 동물

척추동물은 몸속에 여러 가지 뼈가 있는데, 등에는 몸을 지탱해 주는 등뼈(척추)가 있어요. 척추동물은 여러 가지 분류 기준에 따라 어류, 양서류, 조류, 포유류로 나뉘어요. 몸은 머리·몸통·꼬리 세 부분으로 구분돼요. 머리에 눈·귀·코 같은 중요한 감각 기관이 모여 있어요.

➜ 감각 기관, 동물, 양서류, 조류, 포유류

천상열차분야지도

우리 고유의 별자리 지도

고구려 시대부터 우리 조상들은 별자리 지도를 그려서 사용했어요. 조선 시대에 만든 돌에 새겨 넣은 천상열차분야지도가 가장 유명합니다. 별자리와 해, 달을 표시하고 설명도 쓰여 있어요. 달과 태양의 운동, 별자리, 천운도의 유래가 적혀 있어요. 우리 선조들은 천상열차분야지도를 그릴 정도로 뛰어난 천문 과학 기술을 가지고 있었어요.

천상열차분야지도

'천상'이란 하늘에 있는 모든 별이란 뜻이고, '열차분야'는 12개의 분야로 펼쳤다란 뜻이에요.

그러니까 '천상열차분야지도'는 하늘에 있는 모든 별을 12개 분야로 펼친 그림이라는 뜻이지요.

➔ 달, 별자리, 태양

천왕성 Uranus

태양에서 일곱 번째 가까운 행성

자전축이 공전 궤도면과 거의 나란해요. 1781년 독일의 천문학자 허셜이 발견했습니다. 자전축이 누워 있기 때문에 지구에서 볼 때 마치 남북극 방향으로 고리를 두르고 있는 것처럼 보여요. 현재 발견된 고리는 안쪽 고리가 11개, 바깥쪽 고리가 2개로 알려져 있으며, 위성은 27개가 발견되었어요.

천왕성

반지름	25560km
질량	14.5(지구=1)
밀도	1,318g/cm³
자전 주기	17시간 14분 24초
공전 주기	84년
온도	53k(-220.15℃)

천왕성의 대기는 태양빛의 적색 파장을 흡수하고 청색과 녹색 파장을 반사하기 때문에 청녹색으로 보여요.

➡ 태양, 태양계

철새 migratory bird

계절에 따라 옮겨 다니는 새

철새는 여름새와 겨울새 그리고 나그네새로 구분해요. 여름새는 이른 봄 남녘에서 날아와 우리나라에서 새끼를 낳고 기르다가 가을에 남녘으로 이동해 겨울을 나는 새예요. 겨울새는 북녘에서 새끼를 낳고 기르다가 가을에 우리나라로 날아와 겨울을 나는 새예요. 나그네새는 봄가을에 우리나라를 지나가는 철새예요. 여름새로 뻐꾸기, 꾀꼬리, 제비가 있고, 겨울새로 큰고니, 쇠기러기, 독수리, 두루미가 있어요. 나그네새로 깝작도요, 흰물떼새, 흰배멧새, 재갈매기가 있어요.

철새는 어떻게 먼 길을 잘 찾아갈까?

새는 눈이 아주 밝아요. 그런데 이 눈만 갖고 길을 찾는다면 여러 가지 어려움이 생길 거예요. 하늘을 나는 새의 위치에서 본다면 비행기에서 내려다보이는 풍경을 보고 길을 찾는 것과 같아요. 비슷한 모습을 구별해야 하기 때문에 목적지를 향해 정확하게 날아가기 어려울 거예요.

새들은 태양의 위치와 빛도 이용해요. 이런 방법은 독수리나 두루미처럼 낮에 날아가는 새들이 이용해요. 그러나 밤에 날아가는 새들은 지구의 자기장을 이용한다고 해요. 우리가 나침반을 써서 방향을 알아내는 것처럼 철새들도 머릿속에 나침반 구실을 하는 것이 있어 먼 길을 어렵지 않게 찾아가는 것이지요.

이 밖에도 철새들은 자신이 날아갈 방향에서 떨어지고 있는 폭포수가 만들어 내는 저주파를 이용하기도 해요. 그리고 별자리를 이용한다는 설도 있어요. 그러나 아직도 철새가 고향을 찾아가는 방법은 정확하게 밝혀지지 않았답니다.

초본 식물 grass

풀

초본은 풀이기 때문에 나무와 같은 줄기가 없어요. 한해살이풀과 여러해살이풀이 있어요. 야자나무나 대나무는 땅 윗부분으로 나온 부분이 몇 년이 지나도 죽지 않고 살아 있어 나무처럼 보여요. 그러나 나무처럼 줄기가 두꺼워지지 않고 나이테도 생기지 않아요. 그래서 야자나무나 대나무는 특수한 풀로 본답니다. 줄기가 있고, 여러 해 동안 자라는 식물은 목본 식물이라고 합니다.

➔ 나이테, 목본 식물, 줄기

초음파 ultrasound

진동수가 2만 헤르츠(Hz) 이상인 음파

초음파는 사람이 들을 수 없어요. 하지만 개, 돌고래, 쥐, 박쥐 같은 동물들은 들을 수 있어요. 박쥐는 5만~9만 헤르츠(Hz)의 초음파를 내고 그 반사파를 알아듣기 때문에 어둠 속에서 날아다닐 수도 있고, 작은 곤충을 잡아먹을 수도 있어요. 초음파는 물속에서도 잘 전해지며 곧게 나아가려는 성질이 있어서 바닷속 물고기 떼를 찾아내거나 바닷속 지형을 알아내는 데도 써요. 또 병원에서 진찰하거나 치료할 때도 써요.

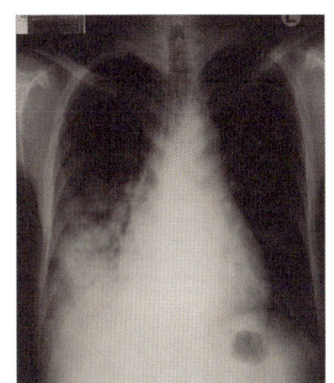
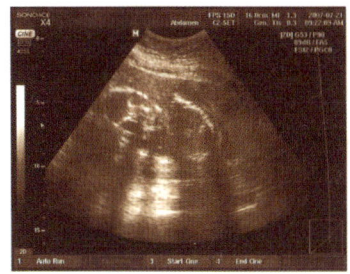

초음파 사진들

> **초저주파란?**
> 사람이 들을 수 없는 영역의 주파수인 25Hz보다 주파수가 작은 파동이에요. 동물의 세계에서 초저주파는 다양한 용도로 쓰여요. 암코끼리는 멀리 떨어진 수컷을 유혹할 때 초저주파를 내는데, 그 진동수가 5~50Hz 정도이지요. 코뿔소와 고래 등도 멀리 떨어진 동료와 대화할 때 초저주파를 이용해요. 초저주파는 파장이 길어 멀리 전달할 수 있기 때문입니다. 핵폭탄 실험을 할 때 초저주파가 생기는데, 초저주파를 관측하여 정확하게 어디에서 핵실험을 했는지 알아낼 수 있어요.

➜ 진동수, 파장

초점 focus

볼록 렌즈를 통과한 빛이나 오목 거울에서 반사된 빛이 모이는 지점

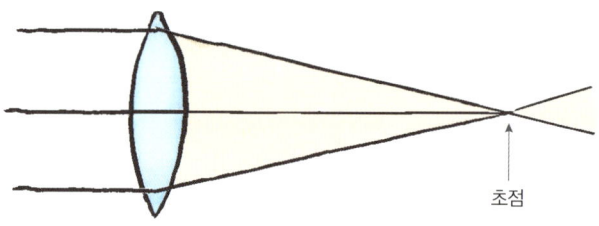

초점

➜ 오목 거울

초파리 fruit-flies

파리목 초파리과 곤충

몸길이가 2~3mm인 작은 곤충이에요. 전 세계 거의 모든 지역에서 발견될 정도로 사는 곳이 다양해요.

알을 낳고 있는 초파리. 초파리는 한살이가 짧아 돌연변이 실험에 가장 많이 사용돼요.

초파리를 왜 연구하나요?

초파리 유전자와 사람의 유전자는 70% 정도가 같대요. 이것은 사람이 걸리는 병 중 70% 정도는 초파리도 걸린다는 뜻이에요. 실제로 파킨슨병에 걸린 초파리는 파킨슨병에 걸린 사람처럼 운동 능력이 떨어져 날갯짓을 할 수 없어요.
초파리의 일생은 길어야 석 달이에요. 알에서 어른벌레가 되는 데도 15일이면 충분하지요. 그래서 질병의 진행 속도가 늦은 신경성 질환이나 만성 질환 연구에 초파리를 쓰면 효과가 높아요.
오늘날 초파리는 암의 치료법을 찾는 연구에서부터 알츠하이머병과 헌팅턴무도병 같은 유전성 질환의 치료법, 알코올 중독이나 수면 장애의 연구, 학습과 노화를 막는 연구에도 쓰이고 있어요.

➜ 곤충, 유전자

촉매 catalyst

자신은 변하지 않으면서 다른 반응을 도와주거나 방해하는 물질

반응을 빠르게 해 주는 것을 정촉매, 반응을 느리게 해 주는 것을 부촉매라고 해요. 과산화수소수에 이산화망간을 넣으면 빨리 분해되고, 인산을 넣으면 느리게 분해돼요. 그래서 이산화망간은 정촉매, 인산은 부촉매가 되는 것이지요.

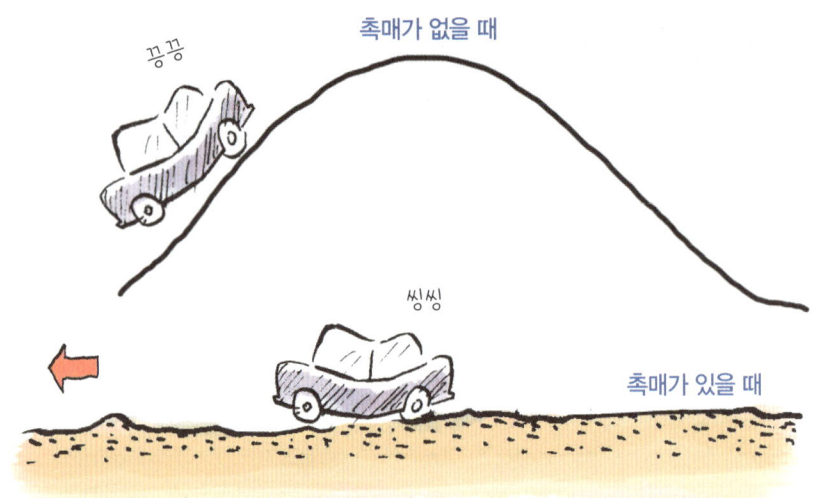

➜ 과산화수소수, 물질

침식 작용 erosion

물, 바람, 파도, 빙하의 힘으로 땅이 깎이는 현상

물이 흐르면서 땅을 깎고 돌과 흙이 흘러가게 돼요. 이렇게 침식 작용이 계속되면 땅의 모양이 바뀝니다. 강물의 상류에서 침식 작용이 많이 일어나요. 바람이 불거나 파도가 치고 빙하가 흘러가도 땅을 깎아 침식 작용이 생겨요.

침식 작용은 원인 물질의 종류에 따라 강물에 의한 하식 작용, 파도에 의한 해식 작용, 바람에 의한 풍식 작용, 빙하에 의한 빙식 작용, 빗물이나 강물에 의한 용식 작용으로 나뉘어요. 특히 해안에서는 해식애(절벽), 파식대(평지), 시 스택(촛대바위), 시 아치(코끼리바위), 해식 동굴, 해안 단구를 볼 수 있어요.

춘천 심악산

➔ 바람

> 과학이 결코 전부가 아니다. 그러나 과학은 아름다운 것이다.
> _ 오펜하이머

칼로리 calorie

열량을 나타내는 단위

1기압에서 순수한 물 1g을 14.5℃에서 15.5℃까지 1℃ 올리는 데 필요한 열량이에요. 기호로 cal를 써요. 과자나 음료수와 같이 우리가 먹는 상품에는 모두 열량이 표시되어 있지요. 칼로리가 높은 음식을 너무 많이 먹으면 뚱뚱해지니까 조심해야 돼요.

➔ 열량

콩팥(신장) kidney

혈액 속의 찌꺼기를 걸러 주는 강낭콩 모양의 기관

강낭콩 모양이고 크기는 길이 10㎝, 너비 5㎝, 두께 3㎝ 정도예요. 무게는 양쪽을 합해서 200g쯤 됩니다. 가로막 아래에 등 쪽으로 왼쪽과 오른쪽에 하나씩 자리 잡고 있어요. 혈액 속의 찌꺼기를 걸러 주어요. 이렇게 걸러진 찌꺼기는 오줌이 되어 오줌보(방광)에 저장되었다가 몸 밖으로 나가요.

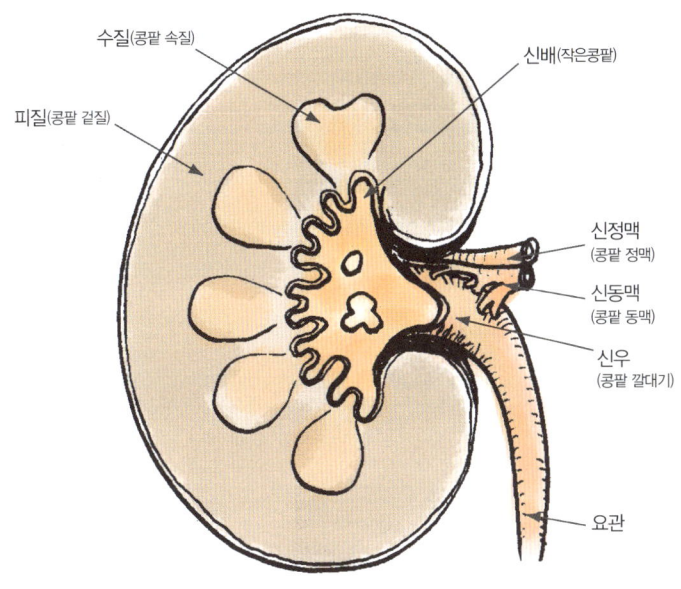

신장의 단면

➜ 혈액

클론 clone

똑같은 유전자를 가지고 있는 생물체

어떤 유전자를 떼 낸 다음 이 유전자와 똑같은 유전자를 가진 생물체를 많이 만드는 것을 유전 공학에서 클로닝이라 해요.

클론이 같은 복제 개들

클론이 같은 복제 돼지들

➜ 유전 공학, 유전자

과학이라고 해서 특별한 게 아니다. 잘 다듬어지고 짜인 상식에 불과하다.
_ 토마스 H. 헉슬리

탄성 elasticity

힘이 사라졌을 때 원래 모습으로 되돌아가려는 성질

힘이 작용하면 늘어나거나 줄어들다가 힘이 작용하지 않으면 원래 모습으로 되돌아가는 용수철이나 고무줄을 탄성체라고 해요.

탄소 carbon

원자 번호 6번인 비금속 원소(C)

탄소만으로 만들어지는 물질로는 흑연, 다이아몬드, 숯 따위가 있어요. 플러렌과 같은 나노 화합물을 만드는 원소이기도 해요. 동물이나 식물의 몸을 만드는 중요한 원소 중 하나이지요.

태생 viviparity

어미의 몸속에서 어느 정도 자라서 태어나는 것

어미의 몸속에서 수정된 수정란은 어미의 배 속에서 보호받으며 자라요. 어느 정도 자라면 몸 밖으로 나오는데, 이때 나온 새끼는 부모와 비슷한 모양을 하고 있어요. 진짜 태생은 포유류에서 볼 수 있어요. 말이나 소는 태어나자마자 곧 걸을 수 있을 만큼 자라서 태어나기도 하고, 캥거루는 몇 센티미터밖에 안 되는 작은 새끼로 태어나기도 해요. 태생과 난생의 중간인 난태생으로 태어나는 동물도 있어요.

➡ 난생, 동물, 수정, 포유류

태양 sun

태양계 안에 있는 단 하나의 별

지구에서 가장 가까운 별이에요. 태양계의 중심 별이기도 하지요. 태양은 수소와 헬륨 가스로 이루어져 있어요. 중심 핵에서 이 수소가 모여 헬륨이 됩니다. 이때 에너지가 만들어져 태양은 빛과 열을 냅니다. 이렇게 스스로 빛을 내기 때문에 태양은 별(항성)입니다. 태양 가까이에 있는 목성·수성·금성·지구·화성 같은 행성들은 태양 광선을 반사합니다.

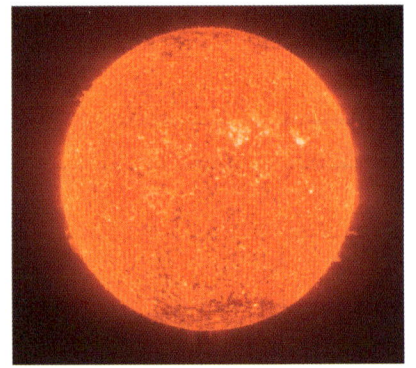

태양

➡ 금성, 목성, 수성, 수소, 태양계, 항성, 행성, 헬륨, 화성

태양계 solar system

태양과 태양 둘레를 공전하는 천체들

태양과 행성, 위성, 소행성, 혜성으로 이루어져 있습니다. 태양계는 우리 은하의 중심에서 약 3만 광년 떨어진 곳에 있어요. 태양계의 유일한 항성인 태양의 질량은 매우 커서 태양계 전체 질량의 99.85%를 차지해요.

태양계 식구들

수성

대기가 없어 표면에 운석 구덩이가 많고, 낮과 밤의 온도 차가 커요.

금성

반사율이 높아 밝게 빛나는 행성이에요. 이산화탄소로 된 두꺼운 대기로 덮여 있어 온실 효과가 매우 크고, 표면 온도가 470℃로 높아요.

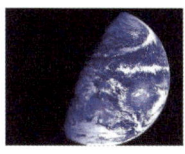

지구

물과 공기가 있어요. 지구 표면의 70%는 바다이고 생명체가 살고 있어요.

화성

얇은 대기를 가지고 있어요. 양극에 극관이 있어요. 극관의 크기가 변하는 것을 보고 계절 변화를 알 수 있습니다. 태양계에서 가장 큰 화산인 올림푸스 화산(25km)이 있어요.

목성
태양계 행성 중 가장 큽니다. 줄무늬가 뚜렷하게 보이고 대적점이라는 큰 소용돌이가 있어요.

토성
암석과 얼음으로 된 두꺼운 고리를 가지고 있습니다. 물보다 밀도가 작아 물에 뜰 수 있어요.

천왕성
자전축이 공전 궤도면과 거의 나란해요.

해왕성
푸른 대기와 적도 근처에 대암점이 있어요.

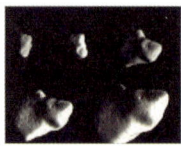
소행성
화성과 목성 사이에 잔뜩 모여 있는 작은 천체예요.

혜성
타원 궤도로 태양 둘레를 돌고 있어요. 태양에 가까워질수록 태양풍에 밀려서 태양 반대편에 꼬리가 생깁니다.

위성
행성 주위를 돌고 있는 천체입니다. 지구의 위성은 달이에요.

유성
혜성, 소행성의 티끌, 먼지 등이 지구 대기권으로 들어와 타는 것으로, 별똥별이라고도 해요.

➜ 공전, 소행성, 우리 은하, 위성, 태양, 항성, 행성, 혜성

태풍 typhoon

열대 바다에서 생겨 폭풍우를 몰고 다니는 저기압

어느 바다에서 만들어졌느냐에 따라 이름이 달라요. 북태평양에서는 태풍(Typhoon), 북대서양에서는 허리케인(Hurricane), 인도양에서는 사이클론(Cyclone), 남태평양에서는 윌리윌리(Willy-Willy)라고 합니다.

태풍

태풍 이름은 어떻게 짓나요?

태풍 이름은 태평양 14개 나라가 10개씩 낸 140개 이름을 돌아가면서 써요. 우리나라에서는 개미, 나리, 장미, 수달, 노루, 제비, 너구리, 고니, 메기, 독수리라는 태풍 이름을 냈고 북한에서도 기러기를 비롯한 10개의 이름을 내서 우리말로 된 태풍 이름을 세계가 같이 써요.

텃새 permanent resident

철 따라 사는 곳을 옮기지 않고 한 지방에서 줄곧 사는 새

우리나라의 텃새는 참새, 까마귀, 까치가 있어요.

토성 Saturn

태양에서 여섯 번째 가까운 행성

목성 다음으로 큰 행성이며 1만 개가 넘는 고리들을 가지고 있습니다. 토성의 대기는 수소와 헬륨 그리고 메탄과 암모니아로 되어 있지요. 표면 온도는 -180℃로 매우 추운 행성입니다. 토성의 위성 중 타이탄은 대기를 가지고 있는 위성으로 유명합니다.

토성

반지름	60000km
질량	95.2(지구=1)
밀도	0.7g/cm³
자전 주기	0.444일
공전 주기	29.5년

➜ 대기, 위성, 태양, 행성

퇴적암 sedimentary rock

퇴적물이 낮은 곳으로 운반되어 퇴적 작용을 받아서 된 암석

자갈과 모래가 쌓여서 굳어지거나 물속에 녹아 있던 성분이 가라앉아 생겨요. 또, 생물체가 죽은 뒤에 남은 뼈가 쌓여서 만들어지기도 해요. 사암, 역암, 퇴적암이 대표적인 퇴적암이에요.

퇴적암(전남 해남)

퇴적암은 어떻게 만들어지나요?

물을 따라 흘러온 자갈, 모래, 진흙 같은 퇴적물이 바다나 호수 바닥에 쌓여 지층을 만들어요. 지층이 쌓이고 쌓여서 그 무게로 퇴적물 속에 있던 물이 빠져나가고 다져져요. 이때 접착제 같은 물질이 자갈이나 모래 사이로 스며들어 서로 엉겨 붙게 됩니다. 이런 일이 오랜 세월에 걸쳐 되풀이되면 퇴적물은 점점 굳어져서 퇴적암이 됩니다.

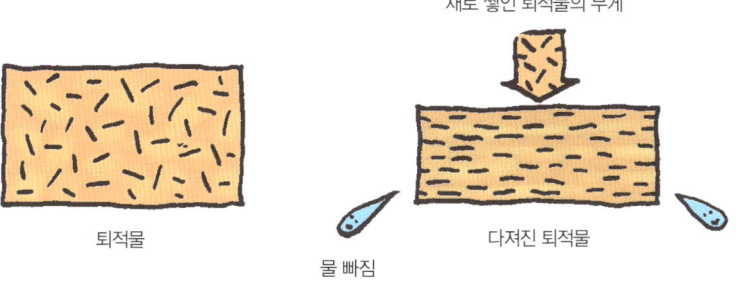

➜ 사암, 역암, 퇴적 작용

퇴적 작용 deposition

작은 돌, 흙, 점토 따위가 물이나 빙하, 바람의 힘으로 운반되어 쌓이는 일

물이나 바람, 빙하의 힘으로 퇴적물이 다른 곳으로 가서 쌓이는 작용입니다. 강물은 상류에서 흐름이 빨라 주로 침식 작용이 많이 일어나요. 강물이 흘러 내려오면 속도가 느려져 퇴적 작용이 많이 생겨요.

아마존 강 하구에 쌓인 퇴적물

➜ 침식 작용

살아남는 좋은 강한 종이 아니고, 또 똑똑한 종도 아니다. 변화에 적응하는 종이다. _ 찰스 다윈

파동 wave

진동이 에너지를 전달하면서 공간으로 퍼져 나가는 것

파동은 퍼져 나가면서 꺾이기도 하고, 장애물을 만나면 반사되기도 하고 돌아가기도 해요. 그리고 파동은 겹쳐져서 더 커지기도 하고 사라지기도 해요. 파동에는 파도, 음파, 전자기파가 있어요. 파동이 진동하는 높이를 진폭이라 하고, 골과 골, 마루와 마루처럼 같은 위치 사이 가장 짧은 거리를 파장이라고 해요.

➜ 전자기파, 파장

파스칼의 원리 Pascal's principle

닫힌 용기 속의 액체·기체에 압력을 주면 액체나 기체 속 모든 곳에 같은 크기로 힘이 전달되는 원리

B의 면적이 A의 두 배일 때, A를 누르면 그 힘이 물의 압력으로 변해요. 이때 같은 압력으로 물이 B를 밀어 올려요. B의 면적이 두 배이므로, B를 밀어 올리는 힘은 A를 누른 힘의 두 배가 되지요. 자동차 브레이크에 이 원리가 쓰여요. 브레이크를 발로 밟으면 액체관을 통해 압력이 전달되고, 압력이 바퀴를 큰 힘으로 눌러 멈추게 하지요.

파장 wavelength

파동의 골과 골, 마루와 마루처럼 같은 위치 사이의 가장 짧은 거리

파장은 진동의 상태가 같은 점 중, 이웃한 두 점 사이의 거리예요. 매질의 어떤 점이 1회 진동하는 시간(주기)에 파동은 1파장만 나아가므로 파동의 빠르기는 '파장÷주기'로 구할 수 있어요.

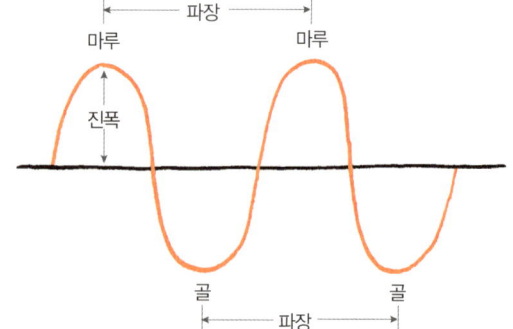

→ 매질, 파동

파충류 reptile

비늘로 덮여 있거나 딱딱한 피부를 가진 동물

피부가 딱딱한 데다 비늘로 덮여 있어서 몸속 수분이 밖으로 빠져나가지 않아요. 그래서 사막과 같은 건조한 지역에서도 살 수 있지요. 보통 다리가 두 쌍이고 발가락이 다섯 개씩 있어요. 폐로 숨을 쉬고, 알을 낳으며 극지방을 뺀 모든 대륙에 살고 있어요. 열대와 아열대 지방에 많이 살고 있고, 육지와 바다에 골고루 살아요. 도마뱀, 악어, 거북이, 뱀이 파충류예요.

거북

도마뱀

➜ 양서류, 폐

판구조론 Plate Tectonics

지구의 겉 부분이 여러 개의 판으로 나뉘어 있고, 이 판들이 움직여서 지진과 화산 활동 등의 지각 변동이 일어난다는 이론

판은 지각과 맨틀의 일부를 포함하는 단단한 암석 덩어리(암석권)입니다. 바다 아래 암석 덩어리를 해양판이라고 하고, 육지가 있는 암석 덩어리는 대륙판이라고 해요. 암석권 아래는 연약권이고 대류가 일어나요. 연약권의 대류로 그 위에 있는 판을 아주 조금씩 움직일 수 있어요. 어떻게 움직이는지에 따라 판의 경계 모양이 달라져요. 이런 판의 경계에서 지진과 화산 활동이 많이 일어납니다.

❶ 판이 서로 마주 보고 움직여 부딪치는 경계

해양판과 대륙판이 부딪치면 무거운 해양판이 아래로 내려가 깊은 골짜기를 만드는데, 이것을 해구라고 해요. 마리아나 해구가 유명해요.

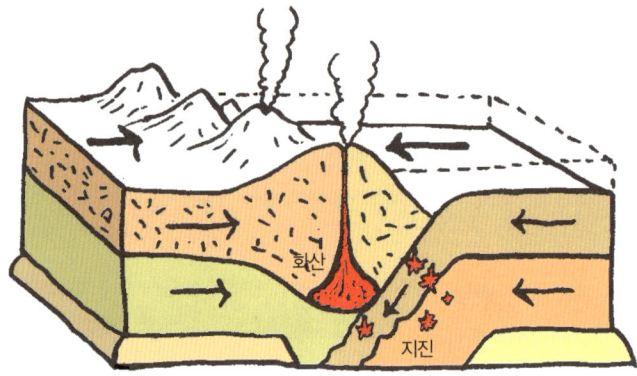

대륙판과 대륙판이 부딪치면 밀려 올라와 산맥을 만들어요. 히말라야 산맥이 이렇게 만들어졌어요.

❷ 판이 서로 반대 방향으로 멀어지는 경계

판이 멀어진 틈을 따라 마그마가 흘러나와 새로운 지각이 생겨요. 바닷속에 있는 것은 해저산맥이라 하는데, 태평양 동쪽과 대서양 중앙에 있는 해저산맥이 유명해요. 육지에 있는 것은 열곡대라 하는데, 동아프리카 열곡대가 유명해요.

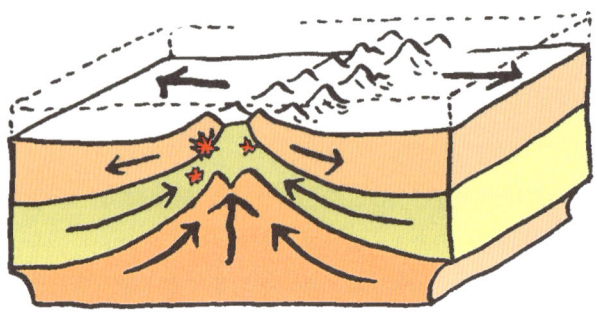

❸ 두 판이 서로 어긋나면서 움직이는 경계

판끼리 스쳐 지나가는 경계로 변환 단층이라고 해요. 미국에 있는 산안드레아스 단층이 유명해요.

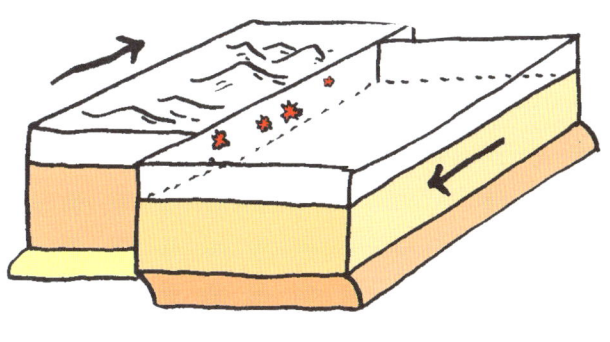

판의 경계마다 일어나는 지진 활동

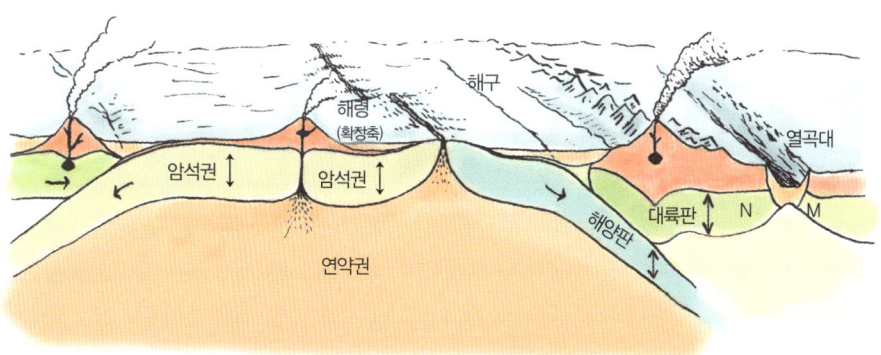

➜ 단층, 용암, 지진, 화산

페니실린 penicillin

푸른곰팡이에서 얻은 세균을 죽이는 물질

1940년에 영국의 미생물학자 플레밍과 병리학자 플로리와 체인은 페니실린을 이용해 폐렴, 임질, 패혈증, 매독을 치료하는 방법을 찾아냈어요. 페니실린은 제2차 세계 대전 때 수많은 부상병의 세균 감염을 막아 목숨을 구하는 데 엄청난 위력을 발휘했어요.

플레밍(Alexander Fleming, 1886~1955)

1928년 어느 날 영국 미생물학자 플레밍은 우연히 배양 접시에 병균 무리가 죽어 있는 것을 발견했어요. 배양 접시에 피어 있는 푸른곰팡이가 병균이 자라지 못하게 한 것을 깨달은 그는 문제의 푸른곰팡이로 실험을 거듭했어요. 그 결과 푸른곰팡이가 만드는 물질이 여러 종류의 세균을 자라지 못하게 한다는 것을 확인했어요. 플레밍은 이 물질에 '페니실린'이란 이름을 붙였어요. 그 뒤 옥스퍼드 대학의 병리학자 플로리와 체인의 노력으로 페니실린은 폐렴을 비롯한 세균성 병을 앓고 있는 사람을 위한 '기적의 항생제'가 되었어요. 플레밍은 그들과 함께 1945년 노벨 생리의학상을 받았어요.

우리가 폐렴을 쉽게 고칠 수 있는 것은 페니실린을 발견한 플레밍 선생님 덕분이었구나!

➜ 세균

폐(허파) lung

땅 위에 사는 척추동물의 호흡 기관

산소와 이산화탄소가 교환되며, 기관지와 혈관이 모여 있는 곳이에요. 사람의 폐 무게는 1kg 정도예요. 왼쪽과 오른쪽에 하나씩 있어요. 갈비뼈와 가로막으로 싸인 가슴통 속에 있어요. 폐는 3억 개에 이르는 폐포(허파꽈리)로 되어 있어요.

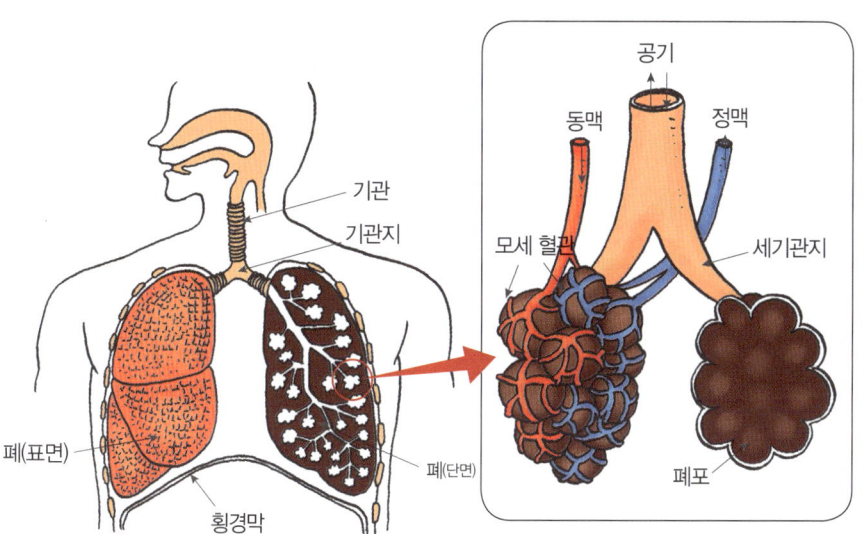

폐포와 호흡 운동

산소를 받아들이고 이산화탄소를 내보내는 일을 하는 폐포는 얇은 막으로 되어 있어요. 그러나 근육이 없어 스스로 늘어났다가 줄어들 수 없어요. 그래서 갈비뼈(늑골)를 위로 올리고, 가로막(횡격막)을 아래로 내려 숨을 들이마셔요. 숨을 내쉴 때는 반대로 갈비뼈를 내리고 가로막을 위로 올려요. 이처럼 들숨과 날숨을 반복하는 운동을 '호흡 운동'이라 해요.

➜ 기관, 산소, 이산화탄소, 혈관

편마암 gneiss

두꺼운 줄무늬가 보이는 변성암

암석이 열과 압력을 받아 눌리면서 줄무늬를 갖게 됩니다. 이렇게 만들어진 두꺼운 줄무늬를 편리라고 해요. 편리가 일정한 간격으로 배열되어 있는 구조를 편마 구조라고 해요. 화강암이 열과 압력을 받아 변성되면 화강편마암이 돼요. 하얀 석영이나 장석 그리고 까만 흑운모나 각섬석이 서로 연결되어 희고 검은 줄무늬를 만들어 아름답지요. 그래서 정원을 꾸미는 데 많이 쓰여요.

화강편마암

➜ 변성암

편형동물 Platyhelminthes

등과 배가 모두 납작하고 세로로 긴 모양을 한 동물

몸길이는 몇 mm에서 약 5cm인 것이 대부분이에요. 척추와 항문이 없어요. 플라나리아, 간디스토마, 촌충 따위가 있어요.

플라나리아

➔ 동물

포유류 Mammalia

새끼를 낳아 젖을 먹이는 동물

새끼는 어미 배 속에서 어느 정도 자란 다음에 태어나며, 암컷은 태어난 새끼에게 젖을 먹여 키워요. 체온이 늘 똑같아요. 온몸이 털로 덮여 있으며 개는 땀샘이 없어요. 대부분의 포유류는 땅에서 살지만 고래처럼 바닷속에 사는 것도 있고, 박쥐처럼 하늘을 나는 것도 있어요. 개나 고양이 같은 애완동물이나 소, 돼지, 말 같은 가축이 포유류예요. 사슴, 호랑이, 표범도 포유류지요.

고양이

➜ 동물

표면 장력 surface tension

액체가 자신의 표면적을 가장 작게 만들려고 하는 힘

비눗방울이나 액체 속의 기포·물방울이 동그랗게 되는 것은 표면 장력이 액체의 표면에 영향을 주기 때문이에요. 컵의 가장자리에 액체가 동그랗게 올라간 모양이 되어 넘치지 않는 것도 액체의 표면 장력 때문이지요. 잎에 동그란 이슬방울이 맺혀 있는 것이나 소금쟁이가 물 위를 마음대로 걸어 다닐 수 있는 것도 표면 장력 때문입니다.

풍력 발전 wind power generation

바람으로 풍차를 돌려 전기를 만드는 일

바람의 힘으로 발전기를 움직여서 전기를 만들어요. 풍력 발전은 오염 물질을 만들어 내지 않는 청정 에너지이며, 바람이 잘 부는 장소에 설치해야 한답니다. 우리나라는 제주도와 대관령에 풍력 발전기가 많이 있어요.

풍력 발전기(영덕)

➜ 에너지, 전기

풍속 wind velocity

바람의 빠르기

풍속계로 바람의 빠르기를 알아내요. 풍속은 1m/s, 1㎞/h로 나타내요. 바람이 너무 세게 불면 안전을 위해 강풍 주의보와 강풍 경보를 내려요.

풍향 wind direction

바람이 불어오는 방향

비행기와 배가 움직일 때 풍향이 중요해요. 바람이 가는 방향으로 가면 비행기와 배가 빨리 갈 수 있어요. 우리나라에서 태평양을 건너 미국으로 갈 때 서풍을 타면 올 때보다 빨리 갈 수 있지요.

풍향계

풍화 작용 weathering

바람, 물이 암석을 변화시키는 작용

풍화 작용은 암석의 크기가 변하거나 성분이 변하는 작용이에요. 커다란 암석 덩어리가 잘게 부수어지는 것을 기계적 풍화 작용이라고 해요. 암석이 녹거나 산소와 반응하여 다른 성분으로 바뀌는 것은 화학적 풍화 작용이에요.

삼악산 333계단 옆 너덜겅
기계적 풍화 작용

화학적 풍화 작용

➔ 산소

프레온 freon

탄소, 플루오르, 염소를 결합시켜 만든 색깔이 없는 기체

끓는점이 낮아서 냉장고나 에어컨의 냉매로 쓰고, 반응성이 매우 작아서 헤어스프레이, 소화기에도 넣어 썼어요. 오존층을 파괴하는 가스여서 지금은 만들어 쓰지 못하게 해요. 프레온이란 미국의 화학 회사가 만든 상품 이름이고, 원래 이름은 염화불화탄소입니다.

➜ 끓는점, 오존

프레파라트 Praparat

관찰하고자 하는 대상을 현미경으로 볼 수 있도록 만든 것

슬라이드 글라스 위에 볼 것을 올려놓고 커버 글라스로 덮은 것을 말해요. 현미경 표본이라고도 해요. 재료가 흐트러지지 않도록 하고, 현미경의 대물렌즈가 재료에 닿는 것을 막아 줘요.

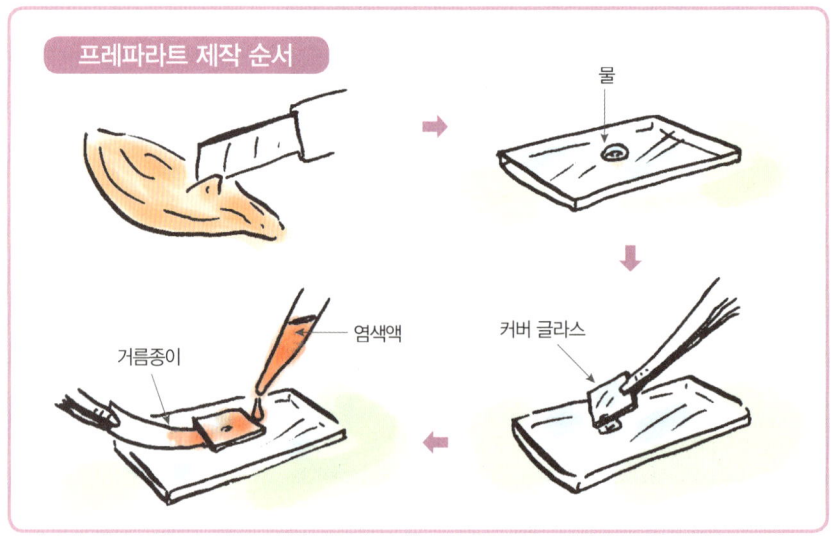

프레파라트 제작 순서

➜ 현미경

프리즘 prism

삼각 기둥 모양의 투명한 유리 막대

햇빛이 여러 가지 색으로 섞여 있다는 것을 뉴턴이 프리즘을 써서 처음으로 알아냈어요. 색이 다른 빛은 유리를 지나갈 때 꺾이는 정도가 달라서, 햇빛을 여러 가지 색을 띤 빛으로 나눌 수 있어요.

프리즘(서울과학관)

햇빛을 프리즘에 통과시키면 일곱 색깔 무지개 같은 스펙트럼이 생기고, 다른 프리즘을 거꾸로 놓고 한 번 더 통과시키면 백색광이 생겨요.

➜ 유리

피부 skin

동물의 몸 바깥을 덮고 있으며, 주위 환경으로부터 몸속을 보호하는 조직층

피부는 표피와 진피로 이루어져 있어요. 표피는 바깥쪽에 있으며 보호막 구실을 해요. 진피는 표피를 붙들어 버티게 해 주어요. 통증을 느끼는 통점, 접촉이나 압력을 느끼는 압점, 온도를 느끼는 냉점과 온점 같은 감각 신경과 표피에 영양분을 공급하는 혈관도 진피에 있어요.

손톱, 발톱, 털, 그리고 파충류의 비늘은 표피가 변한 것이에요. 어류의 비늘은 진피가 변한 것이에요.

➔ 혈관

필라멘트 filament

전류가 흐를 때 전구 속에서 빛을 내는 가는 금속선

최초의 필라멘트는 대나무 숯으로 만들었어요. 지금은 주로 텅스텐이나 니켈 금속으로 만들어요.

필라멘트

➔ 전류

> 상상은 지식보다 중요합니다. 지식은 제한돼 있지만 상상은 세계를 아우릅니다.
> _ 알베르트 아인슈타인

항생 물질 antibiotics

세균이 자라는 것을 막는 물질

처음에는 곰팡이나 토양 미생물이 만들어 낸 것으로, 세균이 자라지 못하게 했어요. 지금은 구조를 조금 바꾼 반합성 항생 물질이나 완전히 새로 합성한 항생 물질이 많이 개발되어 쓰이고 있어요. 페니실린, 스트렙토마이신, 테트라사이클린, 카나마이신 같은 항생 물질을 써요.

푸른곰팡이가 만들어 내는 페니실린은 최초로 알려진 항생 물질이에요. 몸이 아파 병원에 가면 의사 선생님이 병에 따라 항생 물질이 들어 있는 약을 주기도 해요. 수술을 했거나 피부가 찢어져 꿰맨 다음, 폐렴이나 결핵에 걸렸을 때 항생 물질이 들어 있는 약을 먹어야 해요. 항생 물질은 사람이나 가축의 의약품으로만 쓰이는 것은 아니에요. 가축이 병에 걸리지 않게 잘 자라라고 가축의 사료에도 넣어 쓰고 있어요.

그런데 항생 물질을 많이 먹으면 나쁜 세균들에게 대항할 힘이 약해져서 좋지 않아요. 그래서 꼭 의사의 처방에 따라 사용해야 해요.

➜ 곰팡이, 미생물, 세균, 페니실린

항성 star

스스로 빛을 내는 천체

'별'이라고도 해요. 별은 먼지와 수소 따위의 가스들이 모여서 생겨요. 가스가 모이고 뭉쳐서 온도가 점점 올라가요. 중심 온도가 매우 높아지면 스스로 빛을 낼 수 있어요. 태양은 별이지만 우리가 사는 지구는 별이 아니에요.

스스로 빛을 내는 태양

➜ 수소, 태양

항체 antibody

몸속에 이물질인 항원이 침입했을 때 생기는 방어 물질

항체는 B세포라고 하는 특별한 백혈구에서 만들어져요. 몸속을 떠돌다가 이물질인 항원이 몸속에 들어온 것을 발견하면, 항체는 침입한 항원과 섞여서 없애 버리거나 백혈구가 쉽게 잡아먹을 수 있게끔 만들어요.

해구 oceanic trench

바다에 있는 좁고 깊은 골짜기

해양판이 대륙판 아래로 들어가면서 생기는 골짜기예요. 해양판은 대륙판보다 무거워 부딪치면 아래로 내려가요.

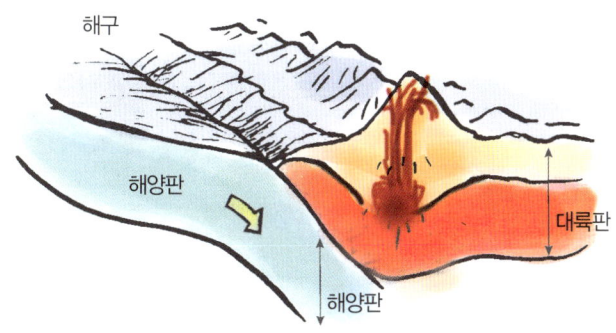

➜ 판구조론

해면동물 Porifera

손으로 만질 때 푹신한 느낌을 주는, 얕은 바다에 사는 동물

신경 세포, 감각 세포, 근육 세포가 없고 조직이나 기관도 없어요. 바위와 같은 단단한 물체의 겉에 붙어 살며 움직이지 않아요. 몸은 병 모양, 나뭇가지 모양, 덩어리 모양을 하고 있어요. 몸 색깔은 흰색, 노란색, 붉은색, 푸른색, 검은색을 띠고 있어요.

그리스 시대부터 해면동물 중 일부는 말려서 목욕용·의료용·미술용·화장용·석판 인쇄용·기계 청소용으로 쓰고 있어요. '갯솜동물'이라고도 해요.

해면동물

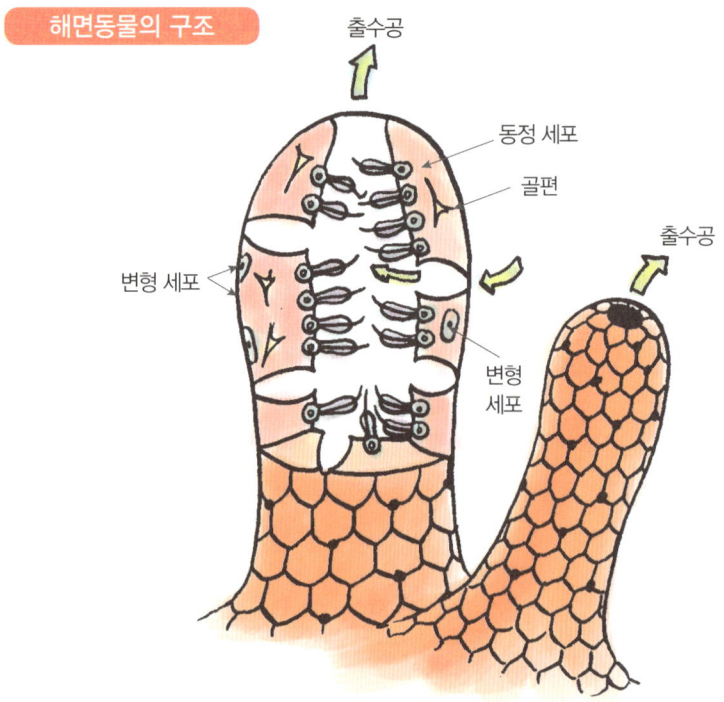

해면동물의 구조

➜ 기관, 세포

해수담수화 seawater desalination

바닷물 속의 염분을 제거하여 민물로 만드는 과정

지구 표면의 자그마치 70%가 물이지만, 사람이 마실 수 있는 물은 1%밖에 되지 않아요. 해수담수화는 물 부족 문제를 해결할 수 있는 대안으로 떠오르고 있는 기술입니다.

해시계 sundial

햇빛으로 생긴 그림자로 나타낸 시계

우리 조상들은 '앙부일구'라는 해시계를 만들어 썼어요. 앙부일구에는 해 그림자를 비추는 시반과 해 그림자를 나타내는 그림자침이 있어요. 시반은 오목한 반구 모양이고 동지에서 하지에 이르는 24절기가 13개 선으로 표시되어 있어요. 그 선의 수직으로 시각선을 그었어요.

앙부일구(보물 845호)

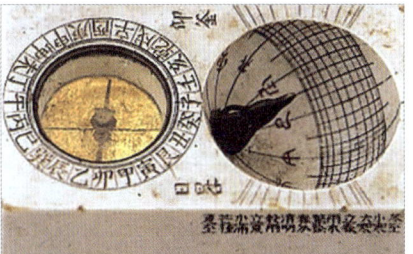

휴대용 앙부일구(보물 852호)

해왕성 Neptune

태양에서 여덟 번째 가까운 행성

해왕성은 천왕성과 크기가 비슷해요. 대기에 메탄 가스가 많아서 파랗게 보여요. 적도 근처에 어둡고 검은 점이 있어요. 희미한 고리가 있고 위성이 여러 개 있어요.

해왕성

반지름	2만 4760㎞
질량	지구의 약 17배
밀도	1.64g/㎤ (지구의 $\frac{1}{3}$)
자전 주기	16시간 6분 36초
공전 주기	164.8년
밀도	1.6

➜ 천왕성, 태양계

해저 지형 submarine landform

바다 밑의 땅 모양

바다 밑도 육지와 마찬가지로 평야도 있고 산도 있고 골짜기도 있어요. 육지에서 바로 연결되는 해저 지형은 대륙붕입니다. 수심은 200m쯤 되고 완만해요.

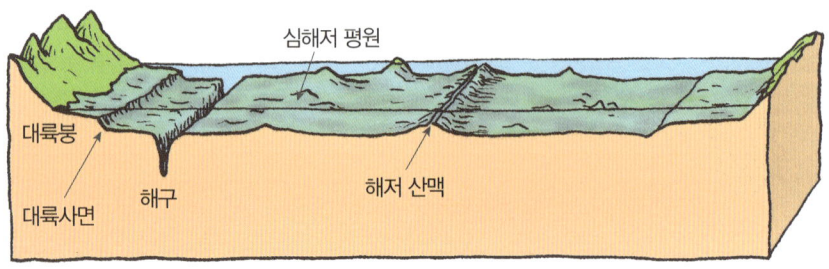

바다 밑바닥의 넓은 평야는 심해 저평원입니다. 또 가장 깊은 곳은 해구라고 하는 골짜기예요. 가장 깊은 필리핀의 마리아나 해구는 평균 깊이가 7000~8000m이며, 특히 비티아스 해면은 깊이가 11034m로 지구에서 가장 깊은 바다예요.

➜ 해구

해캄 Spirogyra

물의 온도가 높은 계절에 호수, 늪, 흐르는 물가의 바위에서 볼 수 있는 짙은 초록색을 띤 머리카락 모양의 생물

몸은 가늘고 긴 원통 모양으로 가지가 갈라지지 않는 실 모양을 하고 있어요. 겉은 미끈미끈해요. 세포 속에는 나선 모양으로 감긴 가늘고 긴 엽록체가 있고, 세포는 실처럼 한 줄로 연결되어 있지요. 엽록체 수는 하나인 것이 많지만, 두세 개거나 더 많은 것도 있어요. 강이나 개천, 호수, 양어장, 연못에서 이른 봄부터 여름에 걸쳐 잘 생겨요. 해캄이 많이 생기면 물고기가 움직이거나 먹이를 먹는 데 방해가 돼요. 논에 많이 생기면 벼가 자라는 데 방해가 돼요. 현미경으로 관찰하면 한 줄로 늘어선 세포들이 깨끗한 초록색을 띤 색소체를 세포 안에 나선 모양으로 가지고 있어요.

해캄

➜ 세포, 엽록체

해풍 sea breeze

바다에서 땅 쪽으로 불어오는 바람

해가 떠 있는 낮에는 땅이 바다보다 먼저 뜨거워져요. 뜨거워진 땅 쪽의 공기가 올라가면서 육지는 저기압이 되고, 상대적으로 기온이 낮은 바다는 고기압이 돼요. 따라서 바람은 바다에서 땅 쪽으로 불어요.

이것은 해풍이고.

반대로 육지에서 바다 쪽으로 부는 바람을 '육풍'이라고 해요.

➜ 고기압, 육풍, 저기압

행성 planet

별 둘레를 돌고 있는 천체

태양계에는 수성, 금성, 지구, 화성, 목성, 토성, 천왕성, 해왕성이라는 여덟 행성이 있습니다. 항성인 태양 둘레를 공전하고 있어요. 행성의 둘레를 돌고 있는 것은 위성이랍니다. 항성인 태양 둘레를 행성인 지구가 돌고, 지구 둘레에는 위성인 달이 돌고 있지요.

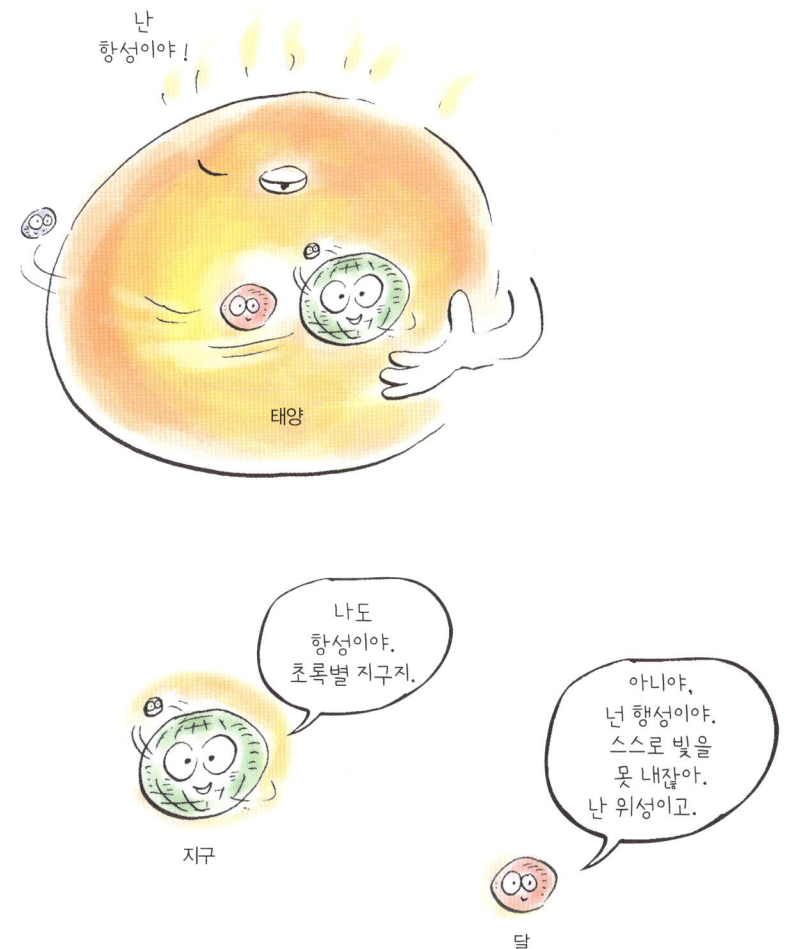

➔ 위성, 태양, 태양계, 항성

허블 우주 망원경 Hubble Space Telescope

지구 밖 우주 공간에 있는 망원경

1990년에 발사된 허블 우주 망원경은 거울 크기가 2.4m인 망원경입니다. 땅에서는 대기 때문에 별빛이 흔들리고 빛이 차단되는데, 우주에는 공기가 없기 때문에 별의 정확한 모습을 볼 수 있어요.

1998년에는 우주의 팽창 속도가 점점 증가하고 있다는 사실을 발견했어요. 즉, 현재 우주는 시간이 지날수록 크기가 더 빠르게 커지는 가속 팽창을 하고 있다는 거예요. 멀리 있는 초신성을 독립적으로 관측한 두 팀의 천문학자들에 의해 밝혀진 이 사실은 우주론의 새 시대를 열었어요. 허블 우주 망원경은 2030~2040년까지 계속 운용될 예정이며 허블의 뒤를 잇는 제임스웹 우주 망원경(JWST)이 2021년 3월에 발사될 예정이에요.

미항공우주국(NASA)에서 개발한 허블 우주 망원경이에요.

➜ 공기, 대기, 망원경

헬륨 helium

수소 다음으로 가볍고, 반응을 잘 하지 않는 기체

공기 중에 매우 적은 양이 들어 있는데, 다른 원소와 잘 결합하지 않고 불에 타지도 않아요. 색깔과 냄새도 없어요. 몹시 가벼우므로 풍선이나 애드벌룬을 띄우는 기체로 써요.

원소 기호	He
원자 번호	2
원자량	4.0026
녹는점	−272.2(26atm)
끓는점	−268.9℃
밀도	0.15

➡ 수소, 원소

현무암 basalt

어두운 색이며 결정 알갱이가 작은 화성암

까맣고 구멍이 뻥뻥 나 있는 암석이 많아요. 우리나라 제주도에서 흔히 볼 수 있지요. 돌하르방은 이 암석으로 만들어요.

제주도 돌하르방

➡ 화성암

현미경 microscope

작은 것을 크게 보는 기구

눈 쪽의 렌즈를 접안렌즈라 하고 물체 쪽의 렌즈를 대물렌즈라고 해요. 이 밖에도 현미경은 재물대, 반사경 또는 광원 장치, 회전판, 조동나사, 미동나사들로 이루어져 있어요. 조동나사와 미동나사는 물체를 볼 때 초점을 맞추는 일을 하는 중요한 부분이에요.

현미경의 구조

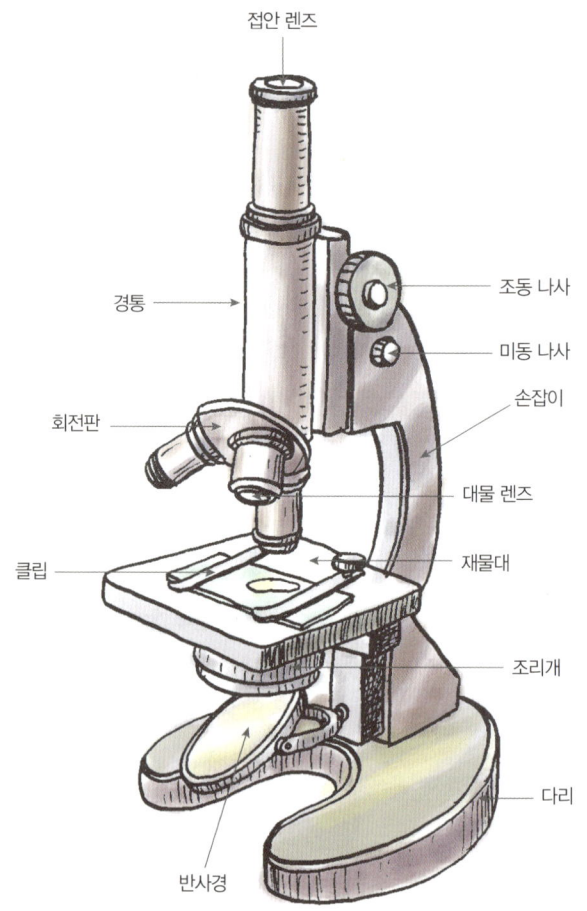

현미경 사용법

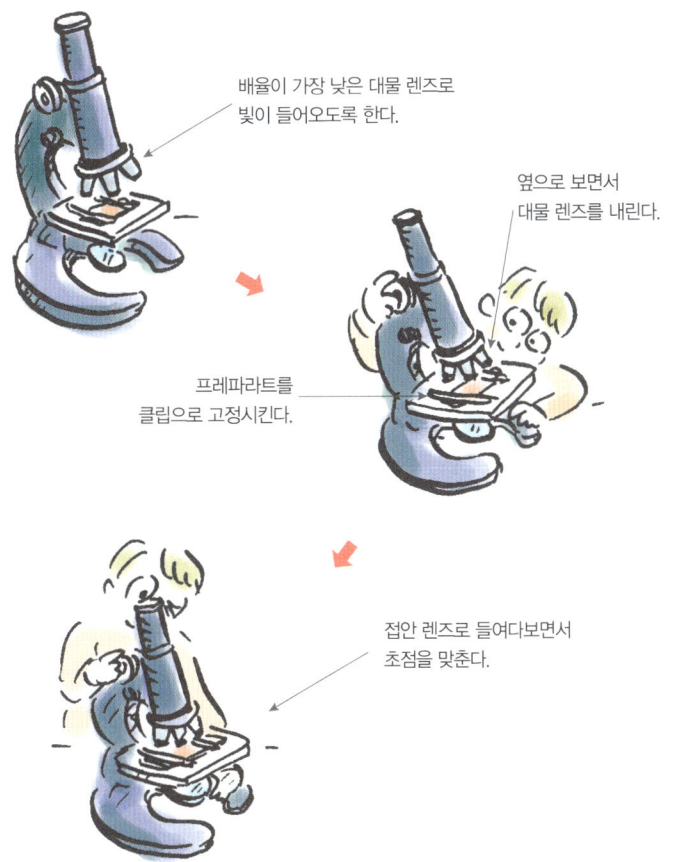

배율이 가장 낮은 대물 렌즈로 빛이 들어오도록 한다.

옆으로 보면서 대물 렌즈를 내린다.

프레파라트를 클립으로 고정시킨다.

접안 렌즈로 들여다보면서 초점을 맞춘다.

〈현미경 사용 순서〉

❶ 저배율의 대물 렌즈를 접안 렌즈 밑에 오게 한다.
❷ 반사경을 조절하여 시야를 밝게 한다.
❸ 프레파라트를 재물대 위에 올려놓는다.
❹ 옆에서 보면서 조동 나사로 대물 렌즈가 프레파라트에 거의 닿을 정도로 경통을 내린다.
❺ 눈으로 접안 렌즈를 보면서 조동 나사로 경통을 서서히 올리면서 상을 찾는다.
❻ 상이 보이면 미동 나사로 정확한 초점을 맞춘다.
❼ 관찰하며 스케치한다.

현미경의 종류

광학 현미경
미생물, 동물과 식물의 세포, 약품 연구에 쓰이는 현미경이에요. 주로 미생물이나 세포를 관찰할 때 써요.

실체 현미경
낮은 배율에서 표본을 관찰하면서 해부할 때 써요. '해부 현미경'이라고도 해요.

금속 현미경
관찰하려는 금속의 표면을 매끄럽게 갈고닦은 다음 그곳에 나타나는 모양, 결정의 모양과 분포, 크기, 또는 결함 따위를 관찰해 조직과 기계적 성질, 열 처리의 관계를 연구할 때 써요.

위상차 현미경
살아 있는 세포나 투명한 물체의 굴절률의 차이를 이용해 관찰할 수 있게 만든 현미경이에요.

편광 현미경
편광판을 이용해서 광물을 관찰하는 현미경이에요. 자연의 빛은 여러 방향으로 진동해요. 편광 프리즘은 어느 한 방향으로 진동하는 빛만 통과시켜요. 두 장의 편광 프리즘을 90° 각도로 만들어 앞뒤로 나란히 두면 어떤 빛도 투과되지 않아요. 이 원리를 이용한 현미경이 편광 현미경이에요.

자외선 현미경
자외선 현미경은 단백질이나 핵산의 모양을 연구할 때 써요. 렌즈와 덮개유리는 자외선을 잘 투과시키는 석영이나 수정을 써요. 자외선은 눈에 보이지 않으므로, 상을 눈으로 직접 볼 수 없었지만 요즘은 형광판을 써서 상을 직접 눈으로 볼 수 있게 되었어요.

전자 현미경
빛 대신 전자를 써서 물체의 확대된 상을 얻는 장치에요. 전자파의 파장이 짧기 때문에 광학 현미경으로 볼 수 없었던 것을 볼 수 있어요. 세포나 박테리아 내부의 아주 작은 모양을 볼 때 써요.

> **현미경은 누가 만들었나요?**
> 처음으로 확대경을 사용한 사람은 스위스의 의사인 게스너로 알려져 있어요. 그리고 여러 가지 렌즈를 써서 만든 최초의 현미경은 1590년쯤 네덜란드의 얀센 부자가 만들었어요. 이 현미경은 망원경과 비슷한 모양이며 주로 해양 탐사에 이용되었어요. 그 후 1660년쯤에 레이우엔훅이 현미경을 써서 처음으로 세균과 사람의 정자 같은 미생물을 관찰했어요.

➜ 망원경, 미생물, 세균, 프레파라트

혈관 blood vessel

피(혈액)가 흐르는 관

혈관은 크게 동맥과 정맥, 모세 혈관으로 나눌 수 있어요. 동맥은 심장에서 나온 피가 흐르는 혈관이고, 정맥은 심장으로 들어가는 피가 흐르는 혈관이에요. 모세 혈관은 온몸에 퍼져 있는데, 적혈구 하나가 간신히 통과할 정도로 가늘어요. 모세 혈관이 동맥과 정맥을 연결하지요. 영양분과 노폐물도 혈관을 통해 이동해요.

정맥의 판막과 피의 흐름

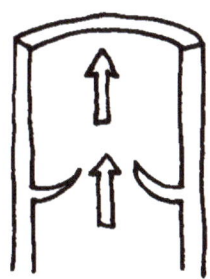
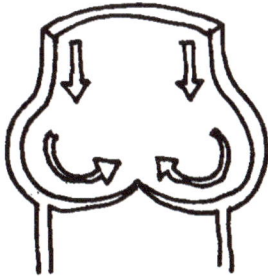

사람의 혈액 순환 경로

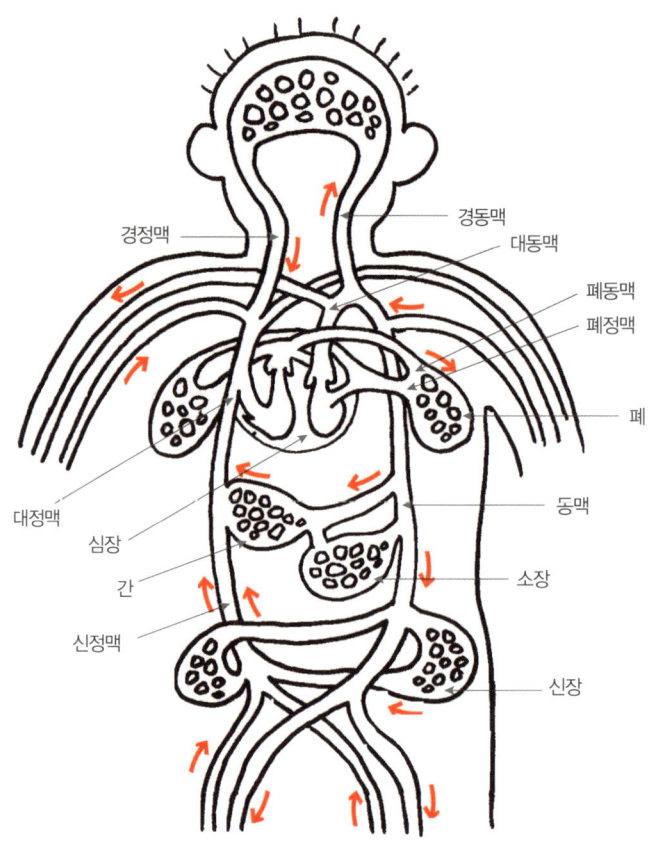

➜ 동맥, 모세 혈관, 심장, 정맥

혈액 blood

혈관 속을 흐르는 액체, 피

혈액은 모든 세포에 산소와 영양분을 공급하고 찌꺼기를 거두어 가는 일을 하지요. 호르몬을 나르며, 병원균을 죽이기도 해요. 혈장·적혈구·백혈구·혈소판으로 이루어져 있어요. 적혈구는 산소를 날라요. 헤모글로빈이라는 색소가 있어 붉은색을 띠지요. 백혈구는 세균을 잡아먹어요. 혈소판은 혈관에 상처가 났을 때 피가 굳도록 해요. 혈장은 대부분이 물(90%)로 되어 있어요. 영양분, 호르몬, 노폐물, 이산화탄소 따위를 날라요. 항체를 만들고, 체온을 조절하며, 혈액이 굳어지는 일에도 중요한 몫을 하지요.

혈액의 양은 얼마나 될까?

어른 몸에 들어 있는 혈액은 4~5리터(몸무게의 8% 정도)쯤 돼요. 1.5리터 페트병으로 치면 세 병쯤 채울 수 있어요. 어린이는 혈액의 양이 어른의 절반쯤 되지요. 동맥이 터져 혈액의 $\frac{1}{4}$ 정도가 빠져나가면 생명이 위험해요. 하지만 정맥이 터져서 전체 혈액의 반이 빠져나가도, 잘 치료하면 목숨을 구할 수 있어요.

우리 몸은 어른 기준으로 35~40밀리리터의 혈액이 날마다 죽고 또 새로 생겨요. 그래서 헌혈을 해도 건강에 아무런 문제가 없답니다.

➔ 산소, 세균, 세포, 항체, 호르몬

형질 character

생물체가 가지고 있는 성질이나 생김새

머리카락이나 피부의 색, 키, 쌍꺼풀의 유무, 혀말기 능력, 식성, 날개의 생김새, 콩의 모양이나 색처럼, 어떤 생물체가 가지고 있는 생김새나 성질을 가리키는 말이에요.

➜ 유전자

혜성 Comet

일정한 주기로 태양 둘레를 긴 타원 궤도를 그리며 도는 천체

혜성에는 탄소, 암석, 얼음, 암모니아, 메탄 등이 섞여 있어요. 타원 궤도로 태양 둘레를 돌아요. 태양빛과 태양에서 날아오는 입자 때문에 뒤로 밀려 꼬리가 생겨요. 76년 주기를 가진 핼리 혜성은 2062년에 올 것으로 예상하고 있어요. '꼬리별'이라고도 해요.

혜성

➜ 암석, 탄소, 태양

호르몬 hormone

혈액을 따라 돌며 생명 활동을 조절하는 물질

호르몬은 몸속 환경을 일정하게 유지하고, 신체의 자람을 조절해요. 호르몬은 뇌하수체, 갑상선, 부갑상선, 이자, 부신, 정소, 난소에서 만들어져요. 호르몬은 만들어지는 장소에 따라 하는 일도 달라요. 예를 들어 뇌하수체에서 만들어진 여포 자극 호르몬은 여성의 난소에 있는 여포만 자극하고 다른 기관에는 영향을 주지 않아요.

호르몬은 아주 적은 양으로 생명 활동을 조절해요. 그리고 부족하면 결핍증이, 넘치면 과다증이 나타나요. 키가 너무 작은 소인증은 생장 호르몬이 너무 적게 만들어져서 생기는 증상이고, 키가 너무 큰 거인증은 생장 호르몬이 너무 많이 만들어져 나타난 것이에요. 척추동물의 호르몬은 다른 척추동물에서 같은 일을 할 수 있어요. 그래서 돼지 호르몬 중 하나인 인슐린이 사람의 당뇨병 치료에 쓰였답니다.

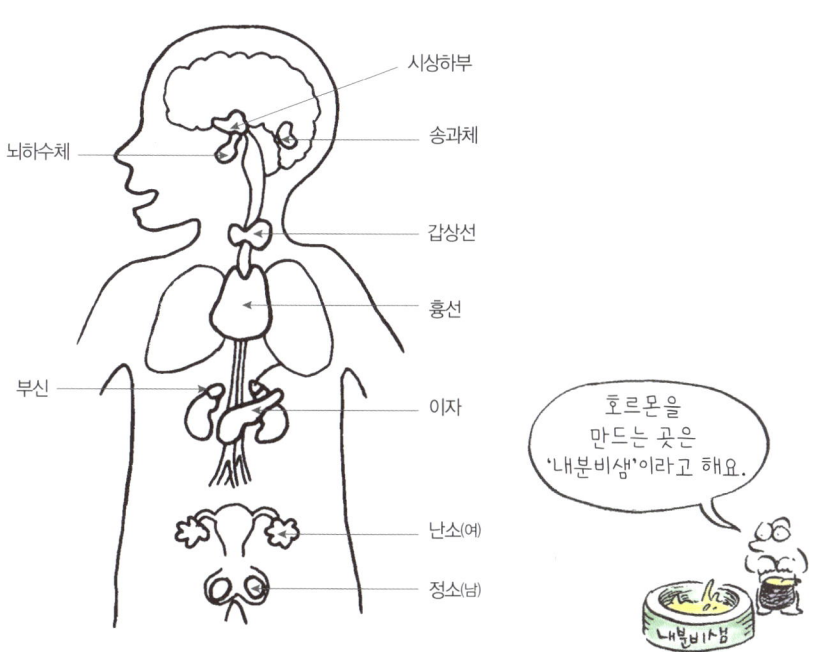

호르몬을 만드는 곳은 '내분비샘'이라고 해요.

➜ 심장, 척추동물, 혈액

호흡 respiration

숨을 내쉬고 들이마시는 것

폐(허파)에서 얻은 산소를 온몸의 세포로 보내고, 세포가 영양분을 산화시켜 에너지를 만들 때 생기는 이산화탄소를 몸 밖으로 내보내는 것이에요.

호흡은 호흡 운동과 외호흡, 내호흡, 세포 호흡으로 나누기도 해요. 호흡 운동은 가슴통의 운동으로, 공기가 폐로 들어오고 나가는 것을 말해요. 외호흡은 폐와 혈액 사이의 산소와 이산화탄소의 교환을 말해요. 내호흡은 세포가 혈액에서 산소를 받아들이고 혈액으로 이산화탄소를 내보내는 과정을 말해요. 세포 호흡은 세포가 세포 속의 양분을 산화하여 생명 활동에 필요한 에너지를 얻는 과정을 말해요.

➡ 산소, 산화, 세포, 에너지, 이산화탄소, 폐, 혈액

혼합물 mixture

두 가지 이상의 물질이 섞여 있는 것

물질들이 각자의 성질이 변하지 않은 채 서로 섞여 있는 상태예요. 소금을 물에 녹인 소금물, 설탕을 물에 녹인 설탕물 그리고 모래와 소금을 섞은 것 따위를 말해요.

→ 물질

홀씨 spore

민꽃식물이나 곰팡이가 번식하려고 만드는 생식 세포

꽃식물은 꽃가루와 밑씨가 만나 생긴 씨가 싹터서 새로운 식물로 자라지만, 민꽃식물이나 미역, 곰팡이 같은 것은 홀씨가 홀로 싹터서 새로운 생물이 되어요. 홀씨는 '포자'라고도 해요.

→ 곰팡이, 생식 세포

화강암 granite

회색이나 분홍색을 띠며 결정 알갱이가 큰 화성암

석영, 장석, 흑운모 같은 광물로 이루어져 있고, 묘비, 바닥, 벽, 계단, 탑을 만드는 데 많이 써요.

화강암으로 만든 미륵사지 석탑

➜ 광물, 화성암

화력 발전소 thermal power station

연료를 태워 생긴 열 에너지로 발전기를 돌려 전기를 만드는 곳

화력 발전소는 보일러에 물을 가득 채우고 불로 가열하여 증기를 발생시켜요. 그 증기의 힘으로 터빈을 돌리고 터빈에 연결된 발전기가 전기를 만듭니다. 주전자의 물을 끓이면 증기의 힘 때문에 뚜껑이 들썩거리는데, 그런 증기의 힘으로 전기를 만드는 것이에요.

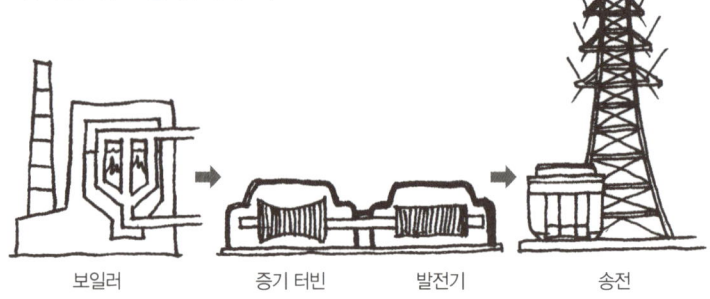

보일러   증기 터빈   발전기   송전

화산 volcano

땅속에 녹아 있던 마그마가 땅 위로 흘러나온 곳

뜨거운 수증기, 화산재, 화산탄을 내뿜고 마그마가 흘러내려요. 활동하지 않는 화산은 휴화산이고, 활동하고 있는 화산은 활화산입니다.

화산이라는 용어인 'Volcano'는 '불의 신'이라는 내 이름인 'Vulcan'에서 따왔어요.

다양한 화산의 모양

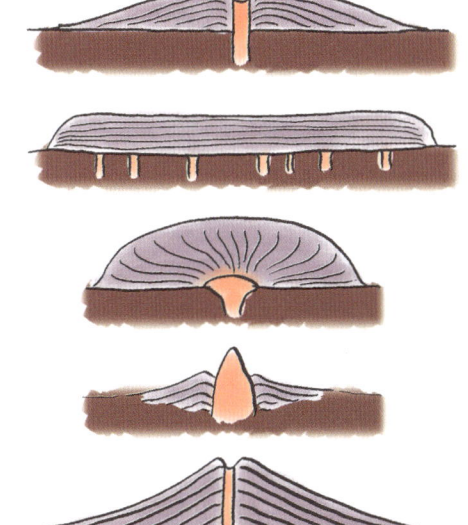

용암이 빠르게 흘러내려 경사가 완만한 화산을 만들어요.

용암이 잘 흘러내리지 않아 경사가 가파른 화산을 만들어요.

용암과 화산 쇄설물이 교대로 나와 쌓이기도 해요.

➜ 마그마, 용암

화산 가스 volcanic gas

화산이 폭발할 때 나오는 뜨거운 기체

주로 수증기, 이산화황, 이산화탄소 같은 기체가 나와요.

마우나로아 화산
(하와이)

윽….
화산 가스보다
더 지독하다.

➜ 수증기, 이산화탄소, 화산

화산재 Volcanic ash

화산이 폭발할 때 나오는 흙가루

화산이 폭발할 때 2㎜보다 작은 고운 입자들이 쏟아져요. 화산재가 많이 나오면 하늘로 올라가 오랫동안 떠 있어 해를 가리므로 어두워지기도 해요. 1883년 인도네시아 크라카타우 화산이 폭발할 때 나온 화산재가 며칠 동안 해를 가려서 기온이 0.5℃나 떨어지기도 했답니다.

캄차카의 활화산(러시아)

➜ 화산

화산탄 volcanic bomb

화산이 폭발할 때 나온 용암이 식어서 떨어지면서 생긴 돌

화산 폭발로 솟구친 용암이 식어 떨어지면서 고구마 모양의 화산탄이 만들어져요. 야구공만 한 것에서 농구공 크기까지, 크기도 다양해요.

화산탄

➜ 용암, 화산

화석 fossil

지질 시대에 살았던 생물의 죽은 몸체나 그 흔적이 남아 있는 것

화석은 지질 시대에 살았던 식물이나 동물이 죽어서 썩지 않고 돌처럼 굳어진 것을 말해요. 동물의 똥, 발자국, 기어 다닌 자국과 같은 흔적이 남아 있는 것도 화석이에요. 화석은 크게 표준화석과 시상화석으로 나눌 수 있어요.

> 화석을 뜻하는 영어 단어 'fossil'은 '땅속에서 파낸 것'이라는 라틴어 'fossilis'에서 유래했어요.

화석이 만들어지는 과정

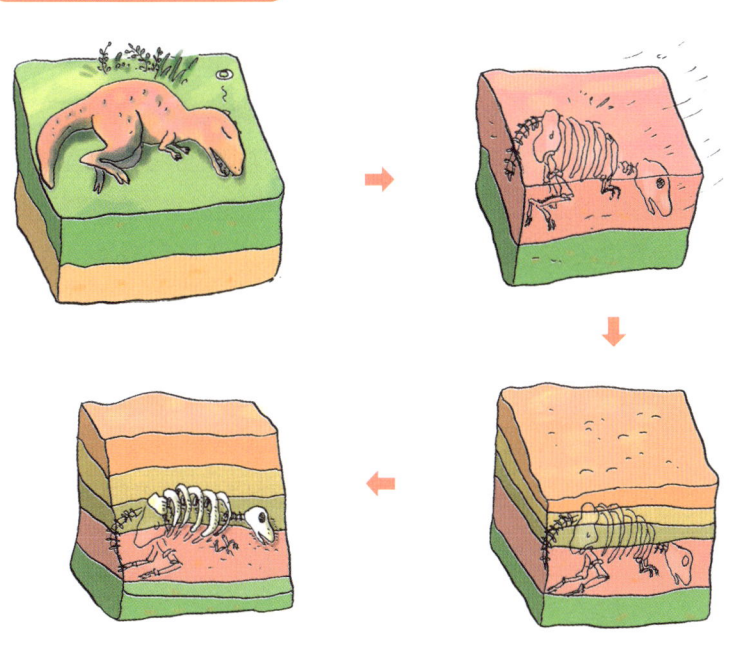

화석 만들기

준비물
고무 그릇, 종이컵, 작고 단단한 물체(조개껍데기, 화석 모형 등), 석고 가루, 식용유, 막대, 작은 붓

만드는 순서
❶ 고무 그릇에 석고 가루와 물을 2:1의 비율로 넣고 막대로 잘 저어 반죽한 후, 종이컵 속에 절반 가량 채운다.
❷ 석고가 조금 굳으면, 종이컵 속의 석고 위에 붓으로 식용유를 바른 조개껍데기나 화석 모형을 올려놓고 조심스럽게 눌렀다가 들어낸다.
❸ 종이컵의 안쪽 벽과 석고 위에 붓으로 식용유를 골고루 바르고 나머지 석고 반죽을 부은 뒤 굳을 때까지 기다린다.
❹ 석고가 굳으면 종이컵을 찢고 식용유 바른 부분을 경계로 석고를 분리한다.

> 화석의 종류

표준 화석

선캄브리아대 : 스트로마톨라이트

고생대 : 삼엽충

> '표준화석'이란 특정 지질 시대에만 번성하여 지층이 생성된 시대를 알려주는 화석이야.

중생대 : 암모나이트

신생대 : 매머드

시상화석

산호 화석

고사리 화석

> 지구의 과거 자연 환경을 밝히는 데 중요한 몫을 하는 화석을 '시상화석'이라고 해.

화성 Mars

태양에서 네 번째 가까운 행성

화성은 붉게 보여요. 표면에 산화된 철이 많기 때문이에요. 대기가 적어서 온도 변화가 심해요. 양극 지방에 얼음과 드라이아이스로 된 극관이 있어요. 계절 변화가 지구와 비슷해서 극관이 여름에는 녹아서 작아져요. 화성 주위를 '포보스'와 '데이모스'라는 위성이 돌고 있어요.

화성

반지름	3397km
질량	0.107(지구=1)
밀도	3.93g/㎤
자전 주기	1.88년
공전 주기	164.8년
표면 온도	−23℃

난 전쟁의 신 '마르스'예요. 피를 연상하는 붉은색 행성이에요. 옛날에는 화성이 보이면 전쟁의 징후로 생각했대요.

➔ 대기, 드라이아이스, 산화, 위성, 태양, 행성

화성암 igneous rock

마그마가 식어서 된 암석

땅속에서 만들어진 마그마는 주위 암석보다 가벼워서 조금씩 올라와요. 땅 위로 올라오던 마그마가 땅 근처나 화산 활동으로 지표로 흘러나오면 온도가 내려가면서 점점 식어서 광물 결정들이 만들어져요. 이런 광물 결정들이 모여서 하나의 암석을 만들어요. 이렇게 마그마가 식어 굳어져서 만들어진 암석을 화성암이라고 해요.

화성암의 분류

조직에 의한 분류 \ 성분에 의한 분류	염기성 어두운 색	중성	산성 밝은 색
화산암 결정 크기가 작다	현무암	안산암	유문암
심성암 결정 크기가 크다	반려암	섬록암	화강암

❶ 색깔에 따라 나누면
염기성암 : 화성암 가운데 광물의 색이 진해서 어두운 암석
산성암 : 밝은색 광물이 많아 암석의 색깔이 밝게 보이는 것

❷ 광물 결정의 크기에 따라 나누면
결정이 큰 것 : 마그마가 깊은 곳에서 천천히 식어서 광물 결정 크기가 큰 암석
결정이 작은 것 : 마그마가 땅 위로 흘러나와 빨리 식어서 광물 결정이 작은 암석

➡ 광물, 마그마, 화산

화학 반응 chemical reaction

물질들이 반응하여 처음과 성질이 다른 물질로 변화하는 것

철가루를 황가루와 섞으면 철가루와 황가루의 성질은 그대로이지만, 두 가루를 섞은 것을 세게 가열하면 황화철이라는 새로운 물질이 만들어져요. 황화철은 철과 성질이 달라져서 자석에 붙지 않아요. 세게 가열하는 동안 화학 반응을 일으켜 성질이 달라졌기 때문이에요.

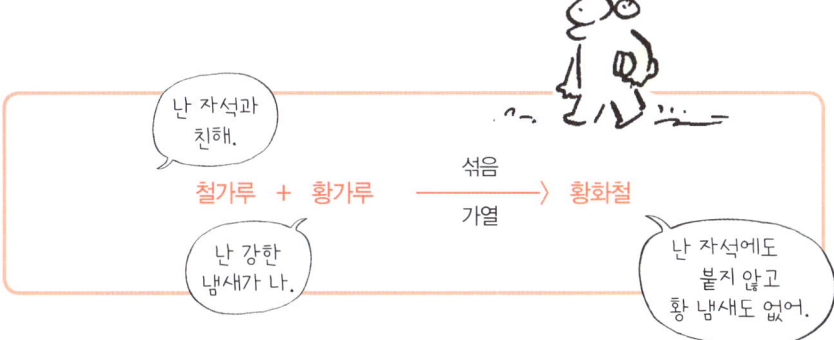

➔ 물질

환원 reduction

결합하고 있던 산소를 잃는 것

수소와 결합하거나 전자를 얻는 것도 환원이라고 해요. 붉은 구리선을 가열하여 만든 검은 산화구리를 불꽃 가운데에 넣으면 다시 붉은 구리로 환원되지요.

➔ 수소, 산소, 전자

환형동물 Annelida

고리 모양의 마디가 있는 무척추동물

몸이 가늘고 길며 원통 모양을 하고 있어요. 머리와 꼬리를 제외하고는 크기가 거의 같은 몸마디를 가지고 있어요. 이 몸마디를 체절이라고 해요. 몸에 강모라는 짧고 단단한 털이 있는데, 환형동물이 옮겨 다닐 때 써요. 환형동물은 아가미나 피부로 호흡해요. 지렁이와 갯지렁이, 거머리가 환형동물이에요.

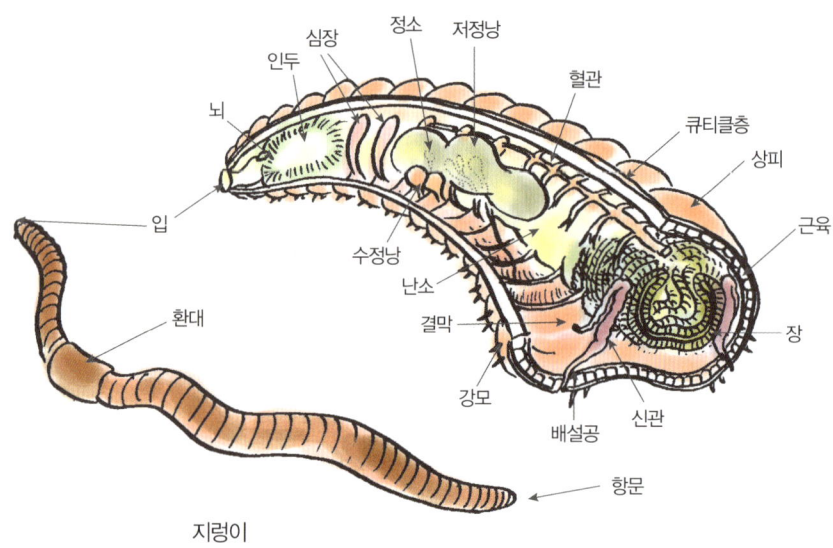

➜ 무척추동물, 피부, 호흡

황산 sulfuric acid

색깔과 냄새가 없으며, 강한 산성을 가진 끈끈한 액체 (화학식 H_2SO_4)

삼산화황(SO_3)을 물에 녹여서 만들어요. 질산 다음으로 산성이 강하고, 금과 백금을 뺀 거의 모든 금속을 녹일 수 있어요. 물에 녹일 때에 많은 열이 생기고, 수분을 잘 흡수하는 성질이 있지요. 설탕이나 종이에 진한 황산을 떨어뜨리면 물 분자를 모두 빼앗아 검은색의 탄소 알갱이(숯)로 바꾼답니다.

설탕에 진한 황산을 넣었을 때

황산의 탈수 :
설탕($C_{12}H_{22}O_{11}$) $\xrightarrow{\text{진한 황산}}$ $12C$(숯) $+ 11H_2O$

황산구리, 제2황산구리 copper sulfate

구리를 황산과 반응시켜 만든, 냄새와 색깔이 없는 가루

우리가 쉽게 보는 황산구리가 파란색인 것은 무색의 황산구리 가루가 물을 만나서 파란색이 되었기 때문이에요. 파란색 황산구리 결정을 가열하면 물 분자가 모두 날아가면서 다시 물기 없는 무색의 가루 물질로 되어요.

황산구리 결정

➜ 결정

회로시험기 multimeter

전류, 전압, 저항을 모두 잴 수 있는 기구

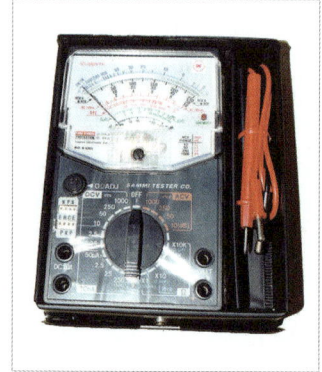

회로시험기

➜ 전류, 전압

횡파 transverse wave

파동의 진행 방향과 매질의 진동 방향이 수직을 이루는 파동

긴 용수철을 용수철의 길이 방향에 수직인 방향으로 흔들어 보면, 아래위로 흔들리는 출렁거림이 용수철의 길이 방향을 따라 나아가는 것을 볼 수 있어요. 이처럼 파동이 나아가는 방향과 진동하는 방향(용수철의 출렁거림)이 수직인 파동을 횡파라고 하지요. 빛, 전파, 엑스선 같은 전자기파나 지진파의 S파가 횡파이지요.

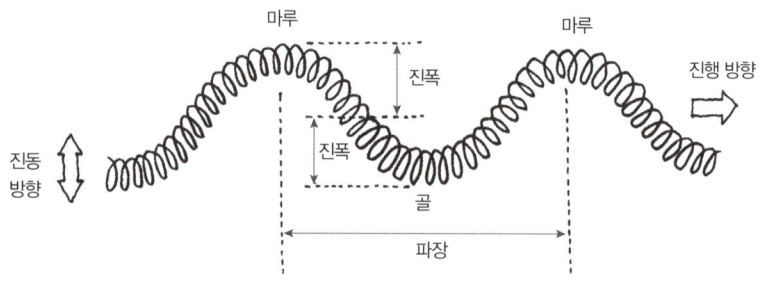

➜ 엑스선, 전자기파, 파동

효모 yeast

빵·맥주·포도주를 만들 때 쓰는 미생물

하나의 세포로 된 곰팡이에요. 크기는 0.008㎜이고, 동그래요. 매우 단순한 생물이지만 유전자 수는 6천 개나 된답니다.

➜ 곰팡이, 미생물, 세포, 유전자

효소 enzyme

세포 속에 일어나는 화학 반응의 촉매 구실을 하는 단백질

효소는 모든 생명 활동에 꼭 필요해요. 효소도 유전 형질이에요. 단백질로만 이루어져 있거나, 단백질과 다른 물질이 섞여 있기도 해요. 술, 간장, 치즈를 만드는 데 쓰고, 약품을 만드는 데 쓰기도 해요.

`효소의 구조`

➜ 단백질, 세포, 촉매, 화학 반응

흡습제 adsorbent

공기 중의 수분을 흡수하는 물질

수분을 조금 흡수하는 데에는 실리카겔을 쓰고, 수분을 많이 흡수해야 하는 곳에는 염화칼슘을 써요. 예를 들어 눅눅해지기 쉬운 과자나 김의 습기 방지제에는 실리카겔이 들어 있고, 옷장이나 신발장의 습기 방지제에는 염화칼슘이 들어 있지요.

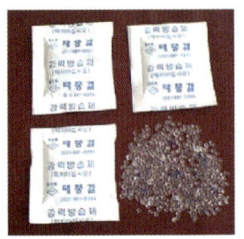

실리카겔

흡열 반응 endothermic reaction

반응을 할 때 열을 받아들이는 반응

반응 후 생성된 물질이 가진 에너지가 처음의 물질 에너지보다 많을 때 그 에너지 차이만큼 둘레의 열을 흡수하는 반응을 말해요. 흡열 반응이 일어나면 열을 받아들여 둘레의 온도가 낮아져요. 물이 증발할 때나 소금이 물에 녹을 때와 같은 반응은 열을 받아들이는 흡열 반응이에요.

➜ 에너지

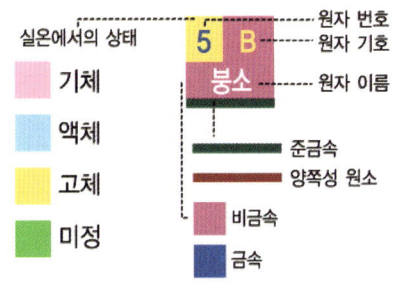

1족~2족, 12족~18족 : 전형 원소
3족~11족 : 전이 원소

여러 가지 과학 실험 기구

깔때기	깔때기대	눈금실린더	막자사발
보안경	비커	삼각플라스크	삼발이
철망	알코올램프(유리)	유리막대	증발접시
집기병	온도계	시험관	시험관 집게
스포이트	페트리접시	돋보기	모래상자

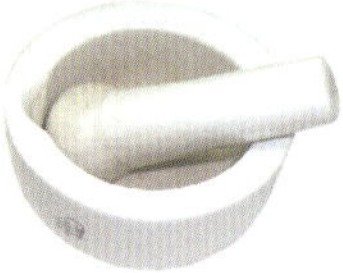

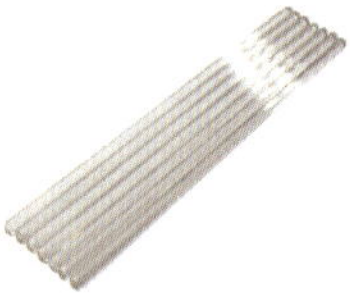

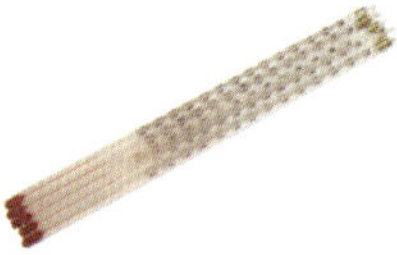

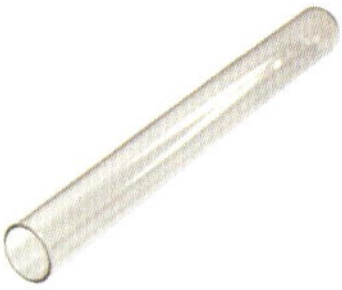

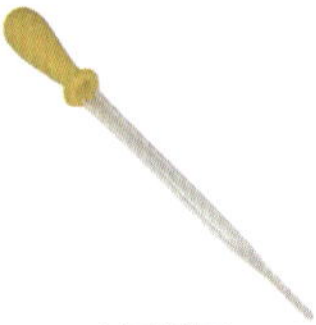

글 김현빈

이화여자대학교 지구과학교육과와 동 대학원 과학교육과를 졸업했으며, 현재 서울 관악고등학교에서 학생들을 가르치고 있고, 신나는 과학을 만드는 사람들(신과람)의 회원으로 활동하고 있습니다. 쓴 책으로는 《과학선생님, 영국 가다》《과학선생님, 프랑스 가다》《중학생을 위한 SF 지구과학 교과서》《일곱 빛깔 지구과학》 등이 있습니다.

글 노기종

한국교원대학교 화학교육과를 졸업했으며, 현재 서울 신림고등학교에서 학생들을 가르치고 있습니다. 2004년 올해의 과학교사상을 받았으며 신나는 과학을 만드는 사람들(신과람)의 회원으로 활동하고 있습니다. 쓴 책으로는 《7차 화학 1 교과서》《7차 화학 2 교과서》《에너지와 친해져요》 등이 있습니다.

글 류성철

서울대학교 물리교육학과를 졸업했으며, 현재 서울 노원고등학교에서 학생들을 가르치고 있습니다. 전국과학교사협회 이사, 서울 중등 과학 실험놀이 교육연구회 회장, 신나는 과학을 만드는 사람들의 대표를 했습니다.

글 임혁

서울대학교 생물교육과와 동 대학원 생물교육과를 졸업했으며, 현재 원묵고등학교에서 학생들을 가르치고 있습니다. 2006년 올해의 과학교사상을 받았으며, 신나는 과학을 만드는 사람들(신과람)의 회원으로 활동하고 있습니다. 쓴 책으로는 《7차 생물 Ⅰ, Ⅱ 교과서》《인체, 부드러운 톱니바퀴》《디엔에이가 뭐예요》《우리 몸의 소우주》《소중한 우리 뇌》 등이 있습니다.

그림 신명환

건국대학교 건축대학원에서 건축설계를 공부했습니다. 구데기(kudeki)라는 필명으로 1999년 가을부터 'DOGO'를 연재했으며, 개인 홈페이지 www.kudeki.com을 운영하고 있습니다. 그린 책으로《쌓기나무 널 쓰러뜨리마》《넌 무슨 동물이니?》《투명인간이 알아야 할 빛에 관한 상식》《눈사람 아이스크림》《만화로 평화 만들기》 등이 있습니다.

감수 지경구

초등수학교육학으로 석사 학위를 받았으며 대구남부교육지원청 영재교육원 강사로 활동하였습니다. 지은 책으로는 《수학영재들의 두뇌 트레이닝을 위한 논리 퍼즐》《수학영재 핵심 용어 해설 3(논리·자료와 가능성 영역)》이 있습니다.

추천 손영운

서울대학교를 졸업하고 중·고등학교 과학 교사 및 과학영재교육 전문가로 오랫동안 활동했습니다. 지금은 재미있고 신나는 과학 글쓰기에 정진하고 있으며, 그동안 과학기술부 우수과학도서에 13차례나 선정되는 등 과학 전문작가로 큰 호응을 얻고 있습니다. 쓴 책으로 《엉뚱한 생각 속에 과학이 쑥쑥!》《아인슈타인처럼 생각하기 1·2》《교과서를 만든 과학자들》 등이 있습니다.

교과서 옆 개념 잡는 초등과학 사전

1판 1쇄 발행 | 2020. 8. 25.
1판 3쇄 발행 | 2023. 4. 27.

김현빈 노기종 류성철 임혁 글 | 신명환 그림 | 지경규 감수

발행처 김영사
발행인 고세규
편집 김지아 | 디자인 윤소라 | 마케팅 곽희은 | 홍보 박은경, 조은우
등록번호 제 406-2003-036호
등록일자 1979. 5. 17.
주　　소 경기도 파주시 문발로 197(우·10881)
전　　화 마케팅부 031-955-3100 편집부 031-955-3113~20
팩　　스 031-955-3111

ⓒ 김현빈 노기종 류성철 임혁
이 책의 저작권은 저자에게 있습니다.
저자와 출판사의 허락 없이 내용의 일부를 인용하거나 발췌하는 것을 금합니다.

값은 표지에 있습니다.
ISBN 978-89-349-9090-1 (74030)
ISBN 978-89-349-9038-3 (세트)

좋은 독자가 좋은 책을 만듭니다. 김영사는 독자 여러분의 의견에 항상 귀 기울이고 있습니다.
전자우편 book@gimmyoung.com | 홈페이지 www.gimmyoungjr.com

어린이제품 안전특별법에 의한 표시사항
제품명 도서　제조년월일 2023년 4월 27일　제조사명 김영사　주소 10881 경기도 파주시 문발로 197
전화번호 031-955-3100　제조국명 대한민국　⚠주의 책 모서리에 찍히거나 책장에 베이지 않게 조심하세요.